逆轉系統・神學十講

逆轉

由不得你不行

鋼鐵醫師 劉又鳴 著

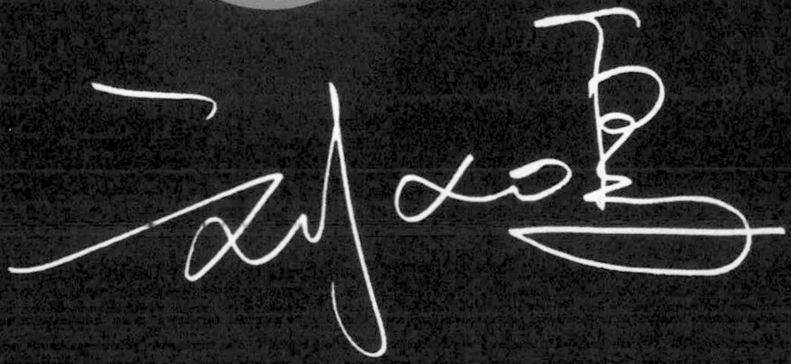

Dr. Liu 這麼說 活出令人羨慕的贏家人生！

二〇二二年九月，我買了一台保時捷 718 Boxter GTS 敞篷跑車；在此之前，我有超過四年沒開車，出門大多搭捷運與公車，感覺方便自在。不開車的原因是覺得開車停車養車挺麻煩、不需要炫場面比財力，畢竟當初賣車是財務出了問題……

沒想到十一月間，保時捷才開一千多公里，又買了一部哈雷 Harley Davidson 重型機車……似乎嫌不夠麻煩，還去上駕訓班考重機駕照；而且重機視同汽車，停車條件與費用都比照四輪規格，也是個昂貴的玩具。

十二月底又因承租松山車站旁黃金店面加地下室作為企業總部而起意開設 “Milanesa a la Napolitana by Iron Doc.” 「鋼鐵醫師米蘭妞炸牛排專賣店」；讓阿根廷兒時記憶美食成為鋼鐵醫師牛肉事業跨出的另一大步。

為什麼在第六本新書發表前分享這些？因為以上全拜「逆轉」所賜！

保時捷是上帝補償的生日禮物；曾經，我以為祂取去保時捷凱燕 Cayenne 是因為我不夠長進。哈雷機車則是耶穌賞賜的感恩節禮物；五十六歲才開始玩重機，騎帥不騎快，炫的不是有錢，而是有閒加有腿力有身材。至於開炸牛排店則來自聖靈的靈感，因為 KFC 桑德斯上校六十五歲才創業賣炸雞；鋼鐵醫師為什麼不能五十六歲賣炸牛排？

書都出六本了，每本都是寶貝，也都是生命該年代階段的夢想成真，無限感恩。By the way，二〇二二年跑了四十二次超馬，也是個了不起的紀錄。我要講的是——人活著就是要活出令人羨慕的贏家人生！還在那邊觀望、衡量、考慮如何挽救你走樣的身材與日漸下坡的身體精神狀況？唉，不說了，買書回去讀吧！

逆轉8福

1 禁食
2 濫跑
3 重訓
4 黑咖啡
5 牛肉
6 紅酒
7 營養處方
8 讀經禱告信耶穌

目錄

鋼鐵醫師
逆轉
系統・神學十講

第1講

禁食操練得逆轉

看摩西和以利亞如何「超禁食」

以賽亞書的訊息

1.1

禁食操練的逆轉真理

藉由禁食，獲得聖潔，禁食教導，合乎聖經。

〈馬太福音第十七章第四節〉彼得對耶穌說：「主啊，我們在這裡真好！你若願意，我就在這裡搭三座棚，一座為你，一座為摩西，一座為以利亞。」

這句經文看似沒有提到禁食，但是在耶穌上山時，突然摩西和以利亞顯現，所以彼得才對耶穌如此說。有人解釋這一段經文時會問：「是不是耶穌、摩西和以利亞要商討事情？」但是我們先來看看，為什麼他們三位會在同一個場景出現，這又有什麼樣的意義？為此，我們必須找出摩西、以利亞與耶穌的共同點在哪裡？

〈出埃及記第三十四章第二十八節〉摩西在耶和華那裡四十晝夜，也不吃飯也不喝水。耶和華將這約的話，就是十條誡，寫在兩塊版上。

瞬間我就想到，首先是摩西為了耶和華頒發十誡的石版被召喚上西乃山，而經歷了我稱之為「超自然禁食」的四十天禁食；而且他還不只這一次。我們知道第一次的石版，因為以色列百姓犯罪的緣故而摔碎。

〈申命記第九章第十八節〉因你們所犯的一切罪，行了耶和華眼中看為惡的事，惹他發怒，我就像從前俯伏在耶和華面前四十晝夜，沒有吃飯，也沒有喝水。

這是摩西的第二次超禁食，一樣是四十晝夜，為了要再次領受十誡。因此，光摩西一個人就做了兩次的超禁食。在這特別的情況之下，神要求四十晝夜不吃不喝。

〈列王紀上第十九章第八節〉他就起來吃了喝了，仗著這飲食的力，走了四十晝夜，到了神的山，就是何烈山。

以利亞也有類似的經驗，在逃避亞哈王的王后耶洗別的追殺時，神先讓他飽食了一餐，接下來便展開了如同摩西一般的超禁食。在上帝的安排之下，他這次的超禁食不是像摩西在山上俯伏不動，而是伴隨著濫跑而來。

若比照原文閱讀爬梳，我們會明白，其實以利亞的逃亡不是走，而是跑。根據當時的情況，地勢險惡，天氣又炎熱，其實不適合行路。我們必須扣掉早上十一點到下午五點，巴勒斯坦沙漠山麓地帶最炎熱而無法移動的時段，以及晚上有野獸出沒的時間；所以他能逃亡的時間極其有限，要走的路又遠。

算起來以利亞一天大概只有五個小時可以趕路，因此他只能用跑的，連續跑了四十天，而且還不吃不喝。這不就跟我們逆轉禁食濫跑一樣？若我們都能這樣做，必然會被上帝大大的使用。

摩西跟以利亞，都禁食四十晝夜，而且他們的目的地都是神的山。何烈山就是西乃山，是神與人立約的聖山。摩西和以利亞都是舊約中的代表人物，摩西是律法的代表，以利亞是先知；而耶穌是新約的主角。所以從這我們可以得知，立約之前，上帝必定要求徹底的零卡禁食以潔淨身心。

他們的「超禁食」可是連水都沒有，這種禁食不是一般人可以想做就做的，他必須有上帝清楚的指示、親自的揀選與呼召才可以做。我們當然也能仿效四十天的零卡禁食，但還是得攝取水分，請大家不要輕易的嘗試；光只喝水，身體裡面沒有能量，所以我們喝黑咖啡。

其實我們在談禁食時，自己要先清楚禁食該如何實行。然而教會本身都全然不知，以至於二二六六，不三不四。就連耶穌都要藉著禁食得到聖潔，基督徒怎麼會認為教人禁食不合乎《聖經》？甚至是異端呢？那完全是因為自己的無知，反而還批評真的懂禁食的人。

真正的禁食，是多麼具有威力，且是神所喜悅的！反觀現今教會的信仰，以及在禁食方面的做法，比《聖經》所記錄的實在是相差十萬八千里。現今教會做的禁食，二二六六，不三不四，阿里不達！原因在於他們根本不知道什麼才是禁食的定義。首先要知道零卡這件事情，就是沒有任何的熱量。反觀教會進行禁食的聚會，往往還會預備果汁和飲料……笨蛋！問題就出在這裡！

如果真要做到禁食，必須保持完全零卡，才能脫離不三不四的禁食。不只是熱量，還包括糖和澱粉，都是撒旦用來汙染虔敬心靈，最普遍的「毒品」。這點連在教會裡都受到了影響，沒有一個教會能倖免於難。

因此，我們必須先學習如何識破魔鬼的詭計跟爛招，畢竟牠只要用一點點的熱量，就能讓禁食的聚會或操練受到汙染和破壞，削減能力；也就是說，禁食逆轉的神威很大，但只要一點點的熱量就能使人前功盡棄。

1.2

禁食操練的逆轉真理

止息過犯，砍斷罪惡，復活己身，復興教會。

〈以賽亞書第五十八章第一到二節〉「你要大聲喊叫，不可止息；揚起聲來，好像吹角。向我百姓說明他們的過犯，向雅各家說明他們的罪惡。**他們天天尋求我，樂意明白我的道，好像行義的國民，不離棄他們神的典章，向我求問公義的判語，喜悅親近神。**

表面上以色列的百姓，很虔誠地做耶和華吩咐他們該做的事，但罪惡似乎沒斷絕，於是先知以賽亞檢視哪裡做錯。好比現今的教會雖然願意尋求上帝，卻上不了路，因為不願意禁食。好比現在的基督徒是行義的國民，但是軟弱無力，做不出什麼像樣的事情，因為不懂禁食。

不懂禁食的靈命是非常脆弱的，無法展現出勇敢堅韌的力量。教會的傳道人，好像明白神的道，好像行義的國民，但都只是好像；因為他們仍舊無知，不信禁食，彷彿在教會裡，愛筵才是愛的表現，禁食被他們敬而遠之。在教會談到禁食，大家都會有一種詭異的，會心的微笑。

也就是說，雖然《聖經》有教導我們如何禁食，但是對不起！我們的教會需要業績和信眾；如果不想得罪信徒，最好不要提到禁食。因此教會看似不離棄神的典章，喜悅親近神，實際上卻是頑梗悖逆，因為普世教會幾乎不屑禁食。為此我們要在這邊呼籲，請教會起來認真學習禁食，不但要復活自己的身體，更要復興教會。

教會追求復興，不是在那邊辦各種什麼會。有的特會還辦過禁食的，我也參加過，標榜連續禁食七餐，一般講禁食七餐，可是超過七十二小時呢！所以我參加了那次的聚會。真的就有幾位姐妹在聚會中暈倒在地，大家知道我是醫生，就叫我趕緊過去看看，我看了看說：「沒事，給她們喝杯柳橙汁就行了。」果然如我所言，一杯果汁下肚，人就醒過來了。這都是因為這些人平時根本沒有操練，當然就皮皮挫、暈眩啊各種狀況……所以很多教會都曉得該怎樣偷吃步，例如預備好果汁，或信徒自己偷帶零食，各種花樣，我才會如此大力批判——這根本不是禁食。

再提到禁食禱告月，教會只會強調禱告，都不知道該怎麼禁食，以為不吃三餐就是禁食。前兩天我看見一位美國的宣教士或神學家就在批評，有一個活動辦得盛大，寫了很多屬靈的術語或靈命的復興……講得天花亂墜，做了盛大宣傳，後來他問：「你們是在做禁食嗎？」因為他很好奇真的有人能做到四十天禁食嗎？

後來發現是「四十天不吃早餐」！看得我都想要罵髒話了。靠腰，四十天早餐沒吃，然後四十天的午餐跟晚餐大吃大喝，請問這是什麼鬼禁食？後來所有參加的信徒和傳道人還都變胖了……這是什麼笑話？令人無言，難道這樣可以榮耀上帝？可以止息過犯？教會在做這些事情，還洋洋得意，自我感覺良好，根本毫無功效。這樣撒旦看到會感到安心吧！更希望這樣的特會繼續舉辦下去，人數越多越好。

1.3

禁食操練的逆轉真理

禁食禱告，動機純良，居心不正，不蒙垂聽。

〈以賽亞書第五十八章三至四節〉他們說：「我們禁食，你為何不看見呢？我們刻苦己心，你為何不理會呢？」看哪，你們禁食的日子仍求利益，勒逼人為你們做苦工。你們禁食，卻互相爭競，以凶惡的拳頭打人。你們今日禁食，不得使你們的聲音聽聞於上。

動機不良的禁食，不會蒙神垂聽；不要以為你已經禁食了，上帝就有義務垂聽你的禱告。當時的以色列境內雖然百姓禁食，但同時卻壓榨勞工，互相競爭，還用凶惡的拳頭打人。若是這種禁食，禱告也沒用，你的禁食只是形式，心思沒有因為禁食而虔敬。一邊禁食，一邊還求自己的利益，欺壓他人與鬥毆，上帝當然不會理會這種表裡不一的行為。上帝不喜悅假冒偽善的人，所以禁食和禱告是兩回事，上帝看人的內心，獎賞憐憫謙卑的人。

的確，禁食雖然是萬靈丹，卻需要接受檢視，我們要清楚我們的動機。耶穌就責備過這些法利賽人的禁食只是做給別人看的，為了要表現他們是虔誠的人，完全是虛有其表的偽善行為。

〈以賽亞書第五十八章五至六節〉這樣禁食豈是我所揀選、使人刻苦己心的日子嗎？豈是叫人垂頭像葦子，用麻布和爐灰鋪在他以下嗎？你這可稱為禁食、為耶和華所悅納的日子嗎？我所揀選的禁食不是要鬆開凶惡的繩，解下軛上的索，使被欺壓的得自由，折斷一切的軛嗎？

這段經文就進入了禁食的核心定義，前面一連串的質問，都沒有真正做到位，是只做表面的儀式，沒有進入真正的敬虔。我們要藉此呼籲教會：學會真正的禁食！禁食是為了鬆開凶惡的繩，解下軛上的索，使被欺壓的得自由，折斷一切的軛。

如同主禱文所教導的，救我們脫離凶惡，脫離惡者的謊言和詭計。禁食能破解惡者的謊言詭計，和各式各樣的恐嚇。任何的不公不義、不平不爽，不管你看到或經歷的不公平遭遇，或家人朋友和社會人際關係，禁食都可以破解，令人解脫。我們敬拜上帝是因為心靈誠實，還有我們愛神；我們因全心全意愛神而禁食，終將獲得自由。

在此，我要再次倡導現在的教會，若能真正在零卡禁食上謙卑地下工夫；好好教導會眾，才是真正的敬虔。不要再將議題輕輕帶過，點到為止，怕不好意思……現在教會裡的講道，聽起來都不痛不癢，要死不活，都是因為沒有學習禁食。

1.4

禁食操練的逆轉真理

飢餓自己，飽足別人，虔敬知足，大吉大利。

〈以賽亞書第五十八章七至八節〉不是要把你的餅分給飢餓的人，將飄流的窮人接到你家中，見赤身的給他衣服遮體，顧恤自己的骨肉而不掩藏嗎？這樣，你的光就必發現如早晨的光，你所得的醫治要速速發明。你的公義必在你前面行；耶和華的榮光必作你的後盾。

當我們能耐自己飢餓，也願將餅分給飢餓的人，接濟流離失所、需要幫助的人，你就成為這個社會的明光，不但照耀了他人，也讓自己身體病痛速得醫治。你要做一個公義的人，顧憐體恤他人，如同顧恤自己的骨肉，那麼上帝的榮光必能為你抵擋一切，給你支持。

如同〈提摩太前書第六章第六節〉所言：「然而，敬虔加上知足的心便是大利了。」你要這樣做，才可以大吉大利，真正的敬虔的禁食，是上帝所喜悅的。所以實質的禁食，也包括慈善；對照前面提到的，當你在禁食的時候，還與人鬥毆，逼勒他人，心存惡念……這些都不是神真正喜悅的禁食。禁食若包含慈善，教會可以獲得復興，社會能夠得到溫暖，一切改革皆從此發生。你希望禱告蒙神應允嗎？再進一步，你想要心想事成嗎？想過著人人稱羨的生活？答案很清楚，從真正的禁食開始吧！

〈以賽亞書第五十八章九至十節〉那時你求告，耶和華必應允；你呼求，他必說：我在這裡。你若從你中間除掉重軛和指摘人的指頭，並發惡言的事，你心若向飢餓的人發憐憫，使困苦的人得滿足，你的光就必在黑暗中發現，你的幽暗必變如正午。

我們知道上帝垂聽著我們的禱告，但不是所有禱告皆會應允，不盡成全我們所求。但是在好好禁食的時候，你必得應允；也就是說，想要「有求必應」嗎？只有好好的禁食禱告，才能有求必應，不會有去無回。想想你多少禱告是有去無回的？你要憐憫弱勢的人，才會成為照亮黑暗社會的光；你若是滿足了困苦的人，你內心的幽暗必定受到光照如正午，你會變成一個充滿陽光的人。

〈以賽亞書第五十八章十一至十二節〉耶和華也必時常引導你，在乾旱之地使你心滿意足，骨頭強壯。你必像澆灌的園子，又像水流不絕的泉源。那些出於你的人必修造久已荒廢之處；你要建立拆毀累代的根基，你必稱為補破口的和重修路徑與人居住的。

這段經文的涵義豐富，當我沉浸在裡面時，感覺寶藏挖掘不完。這邊的關鍵詞：「心滿意足、骨頭強壯和水流不絕……」就是告訴我們，禁食可以讓我們變得健壯而豐沛，不再枯乾。不但自己被滿足，還有源源不絕的水可以澆灌別人。禁食能夠讓我們修造荒廢，建立根基，毀損好幾代的根基可以重新建立，而且長長久久；禁食讓我們不朽，屹立穩固。

經文中的美好意象，都是我們現今世代非常需要的。我們需要戰力穩固；不管遭遇多少內憂外患、攻擊汙衊或輿論的壓力，我們都能戰勝。又能補破口，重修路徑，安然居住。禁食讓我們修復任何破裂的關係，重新建立溝通的道路，可以在與人的關係中獲得自在。這些都不是口號，只有在真正禁食時，我們才做得出來，而且我們做出來是自然輕鬆的；可以讓人家感受到我們的關懷，而只不是掛在嘴邊說說。

逆
轉

1.5

禁食操練的逆轉真理

喜樂安息，居上為榮，尊貴王子，豐盛富有。

〈以賽亞書第五十八章十三至十四節〉「你若在安息日掉轉（或譯：謹慎）你的腳步，在我聖日不以操作為喜樂，稱安息日為可喜樂的，稱耶和華的聖日為可尊重的，而且尊敬這日，不辦自己的私事，不隨自己的私意，不說自己的私話，你就以耶和華為樂。耶和華要使你乘駕地的高處，又以你祖雅各的產業養育你。」這是耶和華親口說的。

特別在這個教導中，我們知曉尊敬耶和華的聖日是如何重要；其實安息日並不是要你什麼事情都不做，而是不要做自己的私事，也就是說，不在安息日裡做你獲利的生意，而是要為主而活。

在古代，以色列的祭司在安息日服事上帝後，到了晚上都要吃一頓豐富的烤肉大餐，他們不是不做事情，也許是服事百姓，總之不是為了自己的生意和利益而忙。他們不辦自己的私事，歸主使用。我個人就是這樣，我感謝主揀選我只做逆轉，不做自己的私事，為此祂照顧我眾多；包括我自己、家人、夥伴和團隊。我以禁食來歸主使用，專門經營逆轉。

我們個人有很多的私意，往往沒有辦法馬上按照主的吩咐去做，往往會這樣想那樣想，然後偏離主的安排。所謂不說自己的私話，在這裡私話的英文是 idle words，翻譯成中文非常有意思，就是「廢話」。禁食的時候，吃主的話，我們傳逆轉的真理，避免講廢話，這件事情對我仍有教導。我現在每天在直播，很擔心害怕人家會聽厭我所講的東西；會讓人覺得聽厭，就是因為講廢話。我很怕自己講出廢話，浪費了大家的時間，我不像那些為了追求點閱數的人，也沒有虛榮心，不想成為網紅……與其講出來的話是廢話，還不如盡量少講。

關於這點，禁食很有幫助，能讓我們的頭腦非常清楚，不會說廢話。為什麼我們在教會的講堂聽道，常常發現每個人都在打瞌睡？這要深深檢討，講的常常是廢話嘛！我爸爸在美國的教會三十年，提到一對博士夫妻就氣噗噗，每次牧師講道沒多久，就可以聽到他們的打呼聲此起彼落，然後講道完畢，他們好像有鬧鐘提醒一樣，會自動醒過來，正好趕上愛筵。很神奇吧！三十年來始終如一，牧師一站上講台，他們就睡著，我都說他們是睡鬼上身了。可能傳道人也要檢討自己講的是不是廢話？神的話語真的有這麼無趣？明明神的話語是如此甦醒人心的呀！

這兩節經文實在太豐富，它可以使我們喜樂安息，使我們居上不居下，成為豐盛的王子。所以禁食絕對不是只有飢餓那麼簡單，當你開始禁食，你若能真正遵循《聖經》裡面所教導的做法，必然能超乎所想，活出更豐盛的生命。

零卡禁食的重要性，似乎是這個世代的一個奧秘。我每次講零卡，很多人聽了一臉茫然，零卡是很斬釘截鐵的事實，一般人卻是模模糊糊不清不楚，所以要搞清楚什麼是零卡禁食，謙卑悔罪，拒說廢話。我們有導正教會的任務，我們要盡力慈善憐憫，最後我們所追求的是尊榮的冠冕，以及豐滿的生命。這樣，我們的信仰才不會落於形式和虛偽的表象。

呼籲——逆轉追隨者

零卡禁食，謙卑悔罪，
拒說廢話，虔敬逆轉。

呼召——逆轉勇士們

堅定守約，導正教會，
慈善憐憫，尊榮豐滿。

第2講

因信稱義得逆轉

加拉太書第三至五章的教誨

2.1

因信稱義的逆轉真理

聽信福音，倚靠聖靈，不愚不蠢，以身服我。

〈加拉太書第三章二至三節〉我只要問你們這一件：你們受了聖靈，是因行律法呢？是因聽信福音呢？你們既靠聖靈入門，如今還靠肉身成全嗎？你們是這樣的無知嗎？

〈加拉太書〉是保羅在監獄中寫給加拉太教會的書信，最主要的中心思想便是「因信稱義」，而在〈羅馬書〉的第四章和第八章，保羅對此也有清楚的陳述。一開頭保羅就點出了加拉太人的無知，已經聽信福音了，卻還走回頭路行律法，對他們提出了質問，並糾正他們的行為。

保羅講了兩次無知，好比那些已經得救、得了恩典，已經逆轉的人，為什麼又要回去老樣子？回到魯蛇的生活模式和思維模式？所以保羅的頭腦，他的思考模式和性格都非常逆轉，也因此他發覺無知的人往往會做出許多蠢事。

〈彼得後書第二章二十二節〉俗語說得真不錯：「狗所吐的，牠轉過來又吃；豬洗淨了又回到泥裡去滾；這話在他們身上正合式。」

在無知的人身上，就會看見他們進入新的模式，反而不習慣；如同豬洗乾淨又回到泥裡打滾。這些都是我稱之為鬼打牆的行為，無知的人不斷的重複，不斷的回到舊狀況，一直不停的循環，原地打轉；無法更新，無法創新，無法變成新造的人。彼得所講的這個俗語，其實就是〈箴言第二十六章十一節〉愚昧人行愚妄事，行了又行，就如狗轉過來吃牠所吐的。

可見愚昧人的模式就是這樣行了又行。無知的人容易受迷惑，聽見似是而非的事情，馬上被騙，以為是真的，還深信不疑。如同當時的加拉太教會中，有一些傳統的猶太信徒，他們要求新的信徒遵循律法。這些新的信徒在希臘文化裡面生長，已經有了屬靈和操練進步，但這些傳統的猶太信徒，卻要他們走回頭路，遵循他們的傳統和律法，包括階級約束，還有行割禮，這些舊的猶太信徒認為，這樣才能滿足律法的要求。

事實上，他們憑藉著信靠福音和信靠耶穌基督，就已經得到了救贖；所以保羅告訴他們，無需再遵守那些所謂的傳統律法。但這些舊猶太信徒依舊以強迫的手段將律法強加在新信徒身上。這就好比無知的人，又將錯誤的觀念強加在另外一群無知的人身上，鬼打牆的狀況當然越來越嚴重。

也因此無知的人常會傾向遵行律法，他們往往認為，必須乖乖聽醫生的話，藥得吃好吃滿……還到處告訴別人這樣做才是對的，好像非得需要有這些個規章教條，否則便會驚慌得手足無措。無知的人還有一個特點，他們常常只靠肉身，憑著血氣去蠻幹硬拚。

「無知！」都已經快變成是我的口頭禪了，不是我愛罵，那是因為他們不懂也不信，更不行真理。所以當我們信靠福音、信靠聖靈時，哪裡還需要靠律法的規條制約？哪裡還要藉由行割禮，讓身體受到管轄呢？

2.12

因信稱義的逆轉真理

研讀聖經，信靠耶穌，堅持逆轉，方能蒙福。

〈加拉太書第三章七到八節〉所以，你們要知道：那以信為本的人，就是亞伯拉罕的子孫。並且聖經既然預先看明，神要叫外邦人因信稱義，就早已傳福音給亞伯拉罕，說：「萬國都必因你得福。」

以信為本，方能得到亞伯拉罕的子孫名號，也就能獲得亞伯拉罕的祝福。相對來說，若凡事只知道一味遵循律法，卻不理解律法的真諦，這就是我常說的「只會嘴」——光出一張嘴只會問，卻不會行的人。他們一直問，這個可以嗎？那個可以嗎？為什麼要這個？為什麼要那個？但你仔細看，問了那麼多，他們卻完全沒做，光說不練的人怎麼可能蒙福！

所以，反而沒有比單純相信，什麼都不問的人，更蒙福的了。正如我那一大堆逆轉案例中，逆轉得越好的，通常是越不問，聽話照做的人。他們只會告訴你：「不用問！鋼鐵醫師說什麼，我就做什麼。」無一例外，難怪他們逆轉成功，得以蒙福。所以，搞清楚！我不是說你不能問問題，而是那種鬼打牆似的問題，根本沒有任何意義。

東問西問，在食物上面問的問題最多，真是讓我無言以對。難道上千種的魚罐頭，我都要一一解答嗎？自以為是，亂七八糟的分類一大堆，還要我回答你？這些問題回答得完嗎？那你什麼時候才開始做？等你全部搞清楚才要做嗎？到底逆轉是你的事情，還是我的事情？到底蒙福的是我，還是你？這樣的人，不叫無知不叫北七，那要叫什麼？這樣的人往往都不是全然相信，仍然心存疑惑；而只要稍微有一點點的懷疑，你的逆轉往往都是徒勞無功。

我們不是要廢掉律法，反而我們是在成全律法；當保羅寫下〈加拉太書〉時，讀的還是《舊約》，這樣你明白研讀《聖經》多麼重要，明白為什麼是成全律法了吧！藉由研讀《聖經》和信靠耶穌，我們才能夠逆轉，成為亞伯拉罕——信心之父的後裔；我們的蒙福，是我們為了成為「兒子」，這部分我會在後面仔細的講解。真正的得福，絕對不是嘴巴上說我們是神的選民；也不是只有猶太人才是神的選民，而是我們在信心裡面，同為後裔，都是神的兒女。

〈加拉太書第三章十到十一節〉凡以行律法為本的，都是被咒詛的；因為經上記著：「凡不常照律法書上所記一切之事去行的，就被咒詛。」沒有一個人靠著律法在神面前稱義，這是明顯的；因為經上說：「義人必因信得生。」

這段經文更精彩，告訴你行律法為本的都是被咒詛的，如同我們看現代的醫療，要你相信醫生說的任何話，叫你吃藥就吃藥。表面上看起來是你相信醫生，但是醫療基本上是不需要心志的，大家都被教育要「謹遵醫囑」吧？就是要你乖乖按照醫生的囑咐，他們告訴你血壓高很簡單，吃降血壓藥就會好，反正吃藥的是你，況且連醫生本身都在吃三高的藥。

〈加拉太書第三章十二到十三節〉律法原不本乎信，只說：「行這些事的，就必因此活著。」基督既為我們受（原文是「成」）了咒詛，就贖出我們脫離律法的咒詛；因為經上記著：「凡掛在木頭上都是被咒詛的。」

所以，你還相信醫療是以信為本的嗎？看了這麼多的實際例子，你還不醒悟嗎？醫療從不要求你更多，吃藥就好；但逆轉不一樣，要求你不但要相信，更要竭力執行。逆轉要你因信得聖，得著真正的生命；而不是靠著吃藥，拖延你的生命，那只是苟延殘喘的活著罷了。

我們已得救贖，已脫離了律法（醫療）的咒詛（吃藥），正如逆轉無需吃藥。耶穌基督為了我們被釘在十字架上，我們只要信靠耶穌，明白自己藉由耶穌基督，脫離了律法的咒詛，如同我們脫離了醫療和藥物的綑綁，我們已經自由。而不是整天在那邊說耶穌基督幫助了我們，但律法還是要遵守。

所以我們已經不需要再吃藥了，敬虔禁食，全馬照跑，牛肉照吃，紅酒照喝……這才是真正的自由。這也是我為什麼宣揚逆轉八福，好好研讀《聖經》絕對不可少，就是要讓你因信稱義，獲得逆轉真理。如同你現在讀了〈加拉太書〉，明白你能脫離律法，脫離律法的咒詛。

2.3

因信稱義的逆轉真理

因信聖子，得子名分，謹守日子，承受產業。

〈加拉太書第四章一到三節〉我說那承受產業的，雖然是全業的主人，但為孩童的時候，卻與奴僕毫無分別，乃在師傅和管家的手下，直等他父親預定的時候來到。我們為孩童的時候，受管於世俗小學之下，也是如此。

在律法之下，有時候純真的孩童跟奴僕一樣，受管制於世俗的小學，這些世俗的小學教導無用的東西，但卻緊緊的掐住我們，使我們無法脫離世俗的限制；這些世俗的限制看起來好像很對，卻是軟弱無力的。

〈加拉太書第四章五到七節〉要把律法以下的人贖出來，叫我們得著兒子的名分。你們既為兒子，神就差他兒子的靈進入你們（原文作「我們」）的心，呼叫：「阿爸！父！」可見，從此以後，你不是奴僕，乃是兒子了；既是兒子，就靠著神為後嗣。

神既然差遣了祂的愛子耶穌基督來救贖受律法轄制的人，好成為神的兒女。逆轉也是如此，我們也要從律法的轄制中，得著自由，就如同原本作為奴隸的人，成為了聖潔的兒女。我們以前還沒逆轉時，是一群在律法底下，沒有盼望的人，可是耶穌基督救贖並逆轉了我們，令我們脫離奴僕的賤民階級，成為尊貴的神的兒子。這是多麼大的差異！既是兒子，我們便是後嗣，得以繼承產業，神給了我們繼承產業的權柄。

〈加拉太書第四章九到十一節〉現在你們既然認識神，更可說是被神所認識的，怎麼還要歸回那懦弱無用的小學，情願再給他作奴僕呢？你們謹守日子、月份、節期、月份。我為你們害怕，惟恐我在你們身上是枉費了工夫。

保羅又殷切告訴這些加拉太人，因信稱義的重要，因為這些信徒中，有猶太人，有外邦人，也有受希臘文化成長的人。我們都知曉因信稱義的重要，既然都得到了兒子的名分，為何又回去做律法的奴僕？已經贖回自由身，已經是一個自由的人，可是你的行為模式還是沒有自由，你仍舊還在過奴隸的日子。

但你也知道，如同逆轉，總有人走回頭路。所以保羅非常嚴正的指責，你明明已經逆轉了，為什麼要走回頭路？難道回去懦弱無用的小學，才是你認為的真理？難道回去做奴僕，比做神的兒子更好？會這麼選擇，只證明你真是個沒有價值的人！而且還是你自己情願這麼做的。

你為什麼要心甘情願？你為什麼要認命？你為什麼要宿命？為什麼你認為自己還是得回去服侍律法的主人？律法要求我們謹守日子，就好像台灣人愛拜拜，最喜歡看日子，凡事要看什麼好日子，避開壞日子，什麼不宜嫁娶，不宜搬遷……一大堆有的沒的禁忌，只因日子不對，做什麼都不對。

對於基督徒來講，我們有這個限制嗎？每一天，只要我們在主的裡面，就都是好日子，百無禁忌。以前我在做醫美的時候，遇到很多無知的人，都會問我：「臉上的這顆痣，是好痣還是壞痣？壞痣不點掉會不會帶來衰運？」說真的，當時我真的常常聽到很多這類愚蠢的問題。

被問到最後，我就回答：「只要可以點的痣，都是好痣！」馬上破解了這些愚昧的問題，逆轉了無知者的疑惑，所以每顆痣都可以點。不然每顆都是好痣，那還要點什麼？回想我以前，可是每天都要點掉滿滿一碗公的痣，看了就覺得可怕。

從這裡也看得出來，許多人拜這個拜那個，越拜越不自由，越害怕，越受限制，因為你的日子到處都是禁忌，只好乖乖的遵守，可是越遵守心中越恐懼，越沒有平安。就連面對這種情況，保羅都會說唯恐在那些人身上是枉費了功夫。我的心情何嘗不是如此？好不容易逆轉了你們，結果你們又要回去泥漿裡面打滾。若你信了聖子，信了耶穌基督，得了兒子的名分，就不要再走回頭路，你才能承受將來永遠不朽壞的基業。這樣的名分，人人都稱羨，別再當律法的奴隸，你可以活得更好！

2.4

因信稱義的逆轉真理

脫離為奴，辨別真偽，憑藉應許，真正自由。

〈加拉太書第四章十六到十七節〉如今我將真理告訴你們，就成了你們的仇敵嗎？那些人熱心待你們，卻不是好意，是要離間你們（原文是把你們關在外面），叫你們熱心待他們。

常常我在傳逆轉真理時，也有跟保羅一樣的感嘆：「我將真理告訴你們，反成為你們的仇敵。」傳逆轉真理福音的過程中，我常常遇到那種人；我所說的話，令他聽不順耳，不好聽不習慣，用了他不喜歡的態度，說了他不喜歡的字眼，刺到他的耳朵，刺破他的玻璃心碎了滿地……那麼他就會把我當作敵人。

所以我常常將保羅當成我的榜樣，我效法他。你自己回想看看我說的對嗎？還好聰明的人也不少，那些聰明的人知道要驗明正身，他們堅持只買鋼鐵醫師的牛肉和咖啡，不管叛徒假貨賣得多便宜。

可是那些熱心款待你的人，卻沒有好意，他要離間你們，叫你們熱心待他們。不少熱心款待是不懷好意的，詐騙集團、叛徒、賣假貨的無良商人，哪個不是態度熱心友好？為什麼他們態度這麼好？是為了要離間你們。回想那些詐騙集團的手法和態度，往往熱心友好，一再對人強調自己很有信用，絕對説話算話，強調服務到位，就是要你放心把錢匯給他……等你站在提款機前，按照指示一步一步把錢轉過去後，他們的態度還好到讓你不知自己受騙。可見，有許多無知的人只會在意表象的態度，而不在意你騙不騙他，夠好笑吧！

〈加拉太書第四章二十三到二十四節〉然而，那使女所生的是按著血氣生的；那自主之婦人所生的是憑著應許生的。這都是比方：那兩個婦人就是兩約。一約是出於西乃山，生子為奴，乃是夏甲。

夏甲身為撒拉的使女，她所生的以實瑪利，要成為撒拉之子以撒的奴僕。所以夏甲是屬血氣的使女，撒拉則是憑藉應許的自主之婦人。所以血氣生的必定屬血氣，因而為奴僕，這都是可以了解的定理。

〈加拉太書第四章二十八到三十節〉弟兄們，我們是憑著應許作兒女，如同以撒一樣。當時，那按著血氣生的逼迫了那按著聖靈生的，現在也是這樣。然而經上是怎麼說的呢？是說：「把使女和她兒子趕出去！因為使女的兒子不可與自主婦人的兒子一同承受產業。」

憑著應許生的，便如同自主的婦人一般，是自主的兒女；自主的婦人生的兒女，才能獲得產業。所以逆轉必定讓你得著自由，自由才是得產業，做後嗣的條件。因此我們確信逆轉的真理，是令人脫離為奴為僕的轄制，從而得應許，獲得自由。所以我只要憑這點就可以確認一個人到底有沒有逆轉，你不需要講，我稍微問兩句就知道。你只要成為自由的人，我就能看見你的逆轉。

對於逆轉的人來說，沒有什麼可以限制我們；我叫你少吃澱粉，你就以為我沒吃澱粉，其實我有吃啊，而且我吃得很享受很自由。但是，你卻質疑我這樣可以喔？那你就是沒有獲得自由嘛！你沒有掌握到自由的真理，所以你還沒有逆轉。

這樣你就知道，為啥我對於保羅如此的感同身受；我們傳真理，一定會被當作仇敵。所以我們就用保羅的感受，作為我們的預防針，當我們被人當作仇敵時，心裡的不舒服就不會那麼嚴重，不會覺得難受得過不去。

2.5

因信稱義的逆轉真理

掙脫律法，背起十架，拒絕攪擾，實踐逆轉。

〈加拉太書第五章四到七節〉你們這要靠律法稱義的，是與基督隔絕，從恩典中墜落了。我們靠著聖靈，憑著信心，等候所盼望的義。原來在基督耶穌裡，受割禮不受割禮全無功效，惟獨使人生發仁愛的信心才有功效。你們向來跑得好，有誰攔阻你們，叫你們不順從真理呢？

套用現在的醫療來講，只要在逆轉裡面，吃藥全無功效，你若要靠律法（醫療）稱義，那麼基督的恩典，死裡復活的逆轉大能，跟你形同隔絕，你就成了絕緣體。你要靠著聖靈，憑著信心，等候所盼望的義，你才可以不受奴僕的惡所轄制。你已經因信稱義了，所以等候的過程很重要，你還是要等候，才能得著最後的義以及功效。

「功效」一詞，實在使用得極為精準，指的就是到底靠什麼才算數。所以這邊講受割禮，或不受割禮都不算數，只有仁愛的信心才有功效才算數。保羅又說了一個很好的比喻：若你原來跑得很好，到底是誰攔阻了你，跑得不好，又不順從真理了呢？你們到底為什麼跑得不好？是因為被人攔阻，叫你回去行律法，攔阻你的逆轉。所以可想而知，每個行逆轉真理的人，都會遇到攔阻。例如明明你禁食得非常好，可以兩三天一餐，大啖牛肉；馬上就有人攔阻，還逼你要吃三餐，說吃牛肉不好之類的屁話！

事實上，你明明做得超好，你好到都可以跑全馬，那些人還在攔阻你。很奇怪吧，不管你做得再好，禁食跑馬再厲害……這些攔阻必然就是會出現。其實也不用問為什麼會有攔阻，保羅也說得很清楚，根本不用糾結在這些不是問題的問題。我們只要順從真理，不管多少難處，不用去管那些批評，因為他們說的不算數，沒有功效。保羅的用字也實在精準，他用跑來比喻，可沒叫你用走的。跑得好就繼續跑，直視前方，不用管身旁的攔阻。

〈加拉太書第五章十到十三節〉我在主裡很信你們必不懷別樣的心；但攪擾你們的，無論是誰，必擔當他的罪名。弟兄們，我若仍舊傳割禮，為什麼還受逼迫呢？若是這樣，那十字架討厭的地方就沒有了。恨不得那攪亂你們的人把自己割絕了。弟兄們，你們蒙召是要得自由，只是不可將你們的自由當作放縱情慾的機會，總要用愛心互相服事。

這些攪擾你們的人，他們必定擔當他們的罪；而且保羅還咒詛他們，恨不得那些攪擾的人把自己割絕。你問是割絕什麼？就是閹割啦！保羅講話夠惡毒吧，這樣比起來我講話還沒他這麼犀利，那我是不是該跟他學習，以後都這樣說：「你們最好把自己閹掉！」如果有保羅的允許，我以後就要這樣講。所以你看看這些攪擾的人，夠嚴重吧，連保羅都講出這樣的咒詛。這種人會讓那些已經逆轉的人挫敗，又回去當奴僕，實在是該死！

再往下看，傳割禮不會受逼迫，竟然十字架反而被討厭？這就是基督信仰的內涵之一，我們的主耶穌基督就是選了最令人棄絕，最令人討厭的十字架，來成為救贖我們的工具。十字架在當時是最令人唾棄討厭的刑具，結果我們現在都戴十字架的項鍊。所以，很多基督徒會認為戴十字架項鍊非常不合乎《聖經》，覺得這是咒詛的記號，一點都不光彩。但我們就是要靠背起十字架，才能獲得逆轉；我們蒙召，是為了要得自由，卻不放縱情慾。

這樣你是否對律法有了真正的認識？我們不是要廢除律法，而是要掙脫律法所帶來的惡。很多基督徒都搞錯，而有了錯誤的認知；以為我們在恩典裡，就不需要律法。不是的，是因為恩典讓我們自由，我們所行出來的，沒有被律法禁止，而且我們是高過律法的，而不是律法沒有存在的必要。〈羅馬書〉講得很清楚，律法是叫人知罪，如果沒有律法，就不知道自己有罪。只有掙脫律法，背十字架，我們才得以實行逆轉，成為完全自由的人，就像我現在一樣。

2.6

因信稱義的逆轉真理

結出聖靈，九味善果，棄絕眾惡，徹底逆轉。

〈加拉太書第五章十七到十八節〉因為情慾和聖靈相爭，聖靈和情慾相爭，這兩個是彼此相敵，使你們不能做所願意做的。但你們若被聖靈引導，就不在律法以下。

既然我們因信稱義，順從聖靈而行，為何又放縱肉體的情慾和享樂？你已經正在逆轉了，不斷的修正自己了，為什麼你還要放縱？所以這個就是我剛剛講到的，被聖靈引導，你已經自由，不在律法以下，而在律法之上。所以這不是廢掉律法，反而是成全律法，耶穌基督的救恩和愛，就是這麼偉大。

〈加拉太書第五章十九到二十一節〉情慾的事都是顯而易見的，就如姦淫、污穢、邪蕩、拜偶像、邪術、仇恨、爭競、忌恨、惱怒、結黨、紛爭、異端、嫉妒（有古卷在此有：凶殺二字）、醉酒、荒宴等類。我從前告訴你們，現在又告訴你們，行這樣事的人必不能承受神的國。

保羅一個接著一個的連環炮，把所有的情慾清楚講出來；所以我們要非常警醒，不要被這些肉體的情慾所綑綁，現在你知道自己哪有些情慾的行為，讓你無法承受神的國了嗎？

〈加拉太書第五章二十二到二十三節〉聖靈所結的果子，就是仁愛、喜樂、和平、忍耐、恩慈、良善、信實、溫柔、節制。這樣的事沒有律法禁止。

聖靈的果子沒有律法可以禁止；這才是重點，為什麼我們現在什麼都可以？我們所做的，沒有律法可以禁止，我們完全自由，但卻不是違反律法？因為我們有了聖靈的果子以及九種美好的滋味，完全凌駕在律法之上。

反思台灣最近這一波的疫情大爆發，就跟姦淫有關係，萬華的阿公店群聚「人與人的連結」，造成防疫破口。所以講了半天，你不知道問題在哪裡嗎？簡單一個詞「姦淫」，就足以解釋。拜偶像也一樣，龍山寺板橋文化廣場同樣是疫情爆發的熱點。如果沒有這些情慾與放縱，或許今天疫情不會大爆發到無可收拾的地步。

但是反觀聖靈的果子是如此美好，好比我前天在滂沱大雨中跑馬，就是忍耐的表現，誰都知道大雨中跑步很痛苦；雖然我欲哭無淚，但還是咬牙跑下去。那一天的雨量驚人，我好比又受洗了八次，濕了又乾，乾了又濕。

〈加拉太書第五章二十四節〉凡屬基督耶穌的人，是已經把肉體連肉體的邪情私慾同釘在十字架上了。

聖靈的果子也一再展現節制的美德，讓我們知曉何時該禁食，何時該跑馬。聖靈的果子，會把肉體的邪情與私慾釘死在十字架上面，這才是真正的逆轉。聖靈的果子有九種的表達方式，我們要充分的去體驗，去享用聖靈的果子，那九種極其美味的滋味，然後才可以徹底的逆轉。我們要愛慕聖靈的果子，才可以讓我們恨惡前面提到的十五種邪情私慾。

肉體的情慾，只能靠聖靈的果子來斥責和驅逐，洗去在我們身上的瑕疵與惡。所以你要唾棄無知，趕快擺脫無知，你要從無知軟弱的世俗小學畢業。

以前我在馬偕醫院時，跟那些院牧接觸，常常聽他們講一些很軟弱的道理，餵養出長不大的基督徒，還告訴我百分之九十的信徒都是這樣，他們只能喝聖靈的奶水。

那像我這種剛強的基督徒難道就活該要餓死嗎？他們回答不出來，我只好告訴他們：「還好我自己會準備乾糧，要不然早就被餓死了！」那些牧師臉漲得通紅，完全講不出話來。他們認為這樣軟弱的牧養才對，才有愛心；但這在我看來根本就不及格，無法帶領信徒脫離小學，更別說教導信徒擺脫肉體的邪情私慾。

呼籲——逆轉追隨者

唾棄無知，不靠律法，
小學畢業，擺脫情慾。

呼召——逆轉勇士們

獨立自主，體貼聖靈，
背十字架，結出善果。

第3講

聽道行道得逆轉

雅各書中的因行稱義

3.1 聽道行道的逆轉真理

聽道行道，自省自清，逆轉八福，不染世俗。

〈雅各書第一章二十二至二十四節〉只是你們要行道，不要單單聽道，自己欺哄自己。因為聽道而不行道的，就像人對著鏡子看自己本來的面目，看見，走後，隨即忘了他的相貌如何。

我們都知道雅各是耶穌的弟弟，就是因為親眼看到耶穌的所言所行，才相信他是神的兒子。因為耶穌的行為，讓他有極大的信心，而致力於行為的實踐；所以〈雅各書〉特別強調除了信心之外，行為的重要性。經文提到了鏡子，而我們知道古代的鏡子，大多是金屬做的，例如銅鏡使用拋光等工序後才得以映照。古代的鏡子不像現代的鏡子那麼明晰，所以經文才提到走後便忘記自己的相貌，用來比喻當我們聽道，卻不行道，便會忘記自己本來的面目。

人若是聽了道，卻不行道，就只是欺騙自己罷了。所以我總是強調逆轉八福是行道的最佳手冊，當我們購買任何產品時，總會看到產品的使用說明書，上面詳細記載我們該怎麼使用，會讓產品發揮最佳效能。同樣的，當我們掌握了行道的最佳手冊時，若還是聽而不行，逆轉就會淪為空談。逆轉之道講了這麼久，講了這麼多，講得這麼詳細，重複又重複……但是有多少人真的將之轉變成自己的生活方式？

逆轉八福可以讓我們避免落入欺哄自己的陷阱。若你還是聽而不行，你的人生也只是自欺欺人，癡人說夢，喊喊口號而已。「以銅為鏡，可以正衣冠；以古為鏡，可以知興替；以人為鏡，可以明得失。」這些話我們從小到大都知道，人人都明白「借鏡」的重要性。

所以，逆轉八福猶如鏡子，讓我們得以隨時自我反省是否有所缺失。當你有了「逆轉八福」這樣明晰透亮的鏡子，卻不懂得時時觀照自己，我只能說你是一個缺乏自制力，並且無知的魯蛇。

你面目可憎嗎？你真的知道自己本來的面目嗎？不，你不知道，你只是以為自己知道；你表現出來的樣子，大家都看在眼裡，你就是自我感覺良好的魯蛇，別人看你就是這麼一回事。因為你很少反省，還以為自己多體面。

逆轉八福也是一個行道的實用標準，聽而不行，自欺欺人的太多了，完全經不起標準檢視，這種魯蛇我見多了，自取滅亡我是管不著啦，但偏偏他們卻還要到處招搖撞騙，那我就必須站出來捍衛真理！

〈雅各書第一章二十五至二十七節〉惟有詳細察看那全備、使人自由之律法的，並且時常如此，這人既不是聽了就忘，乃是實在行出來，就在他所行的事上必然得福。若有人自以為虔誠，卻不勒住他的舌頭，反欺哄自己的心，這人的虔誠是虛的。在神我們的父面前，那清潔沒有玷污的虔誠，就是看顧在患難中的孤兒寡婦，並且保守自己不沾染世俗。

逆轉八福是每時每刻的操練，去除自己的雜質，也是身為基督徒應該實行的道。雅各在這段經文中講得很清楚，我們聽道，如果不行道，就會產生很多的問題。我們可以注意經文中「全備的律法」多麼重要，這是《聖經》其他地方沒有提到的，甚至包括保羅的〈羅馬書〉都沒有講到「全備的律法」，竟然是使人自由的！

什麼是全備？就是完美。律法是完美的，只因我們做不完全律法的所有規條，我們確實無法每一條都做到；但是律法本身，就是訂下了完美的標準。唯有日日操練逆轉八福的人，才知道律法是如此全備完美。操練逆轉八福後，你才會發現其實律法是自由的，能使人獲得釋放，原來自己也可以這麼的自由，並且可以滿足律法的要求。

很神奇吧！真的做逆轉的人，會發現越逼迫自己到極限，就會獲得更多的自由和美好。反觀我們在教會裡，常常主日崇拜聽完了道，接著中午的愛筵，大家毫無節制的大吃大喝，才不過一兩個小時前聽的道，轉身就忘得一乾二淨。就是因為沒有行道，你才會忘記你聽了什麼道。

所以對於遵行逆轉八福的人來說，聽道並起而行之，必然得福。不做的人常常自以為虔誠，在教會裡面就充滿了這樣的人。他們沒有自制，不知道他們該做的都沒有做，還覺得自己虔誠。但是，看看他們的身材、肥厚的肚腩和健康狀況，你就能夠分辨，他們都是自以為虔誠罷了，渾然不知自己的問題，認為自己該禱告讀經、該奉獻的全部都做到了。

而做逆轉八福的人，他們是清潔，沒有玷汙的虔誠；跟自以為很虔誠的人，一看便知道相差十萬八千里。不做逆轉八福的人，會忍不了管不住他的舌頭，往往開始指指點點，說三道四，變成真理的敵人。如同保羅在跟隨主之前，自認是個很「虔誠」的人，當時的他聽見有人在追隨耶穌基督的道，就用盡各種激烈手段，四處逼迫基督徒，不但捕捉入監，還殺害這些基督徒……當時的他認為自己這樣才是虔誠熱心的人。

所以藉由逆轉，我們可以怎麼樣？我們可以保守自己，不沾染世俗。現在的時代教會福音最難傳，因為世俗主義，而世俗的生活是任何一個沒有做逆轉八福的人，無法逃脫的牢籠。世俗主義有很多樣貌，最簡單的就是飲食文化，比如吃三餐，吃澱粉，吃甜食……往死裡吃，這就是很簡單的世俗主義，普遍氾濫，無孔不入；甚至教會裡面的情況更為嚴重，外面的人搞不好還沒有教會裡面吃得兇。所以我們不沾染世俗，就可以獲得自由與全備。

昨天我在群組裡看見一個住在南非的粉絲分享，他說已經脫離了一天三餐的「律」，感到現在很自由，不再需要按照三餐的定律過生活。現在世俗主義用三餐的律，打造一個惡的枷鎖放到人們的肩膀上，使人無法感受到全備自由的律法。但我們可以用禁食掙脫吃的枷鎖，好比我目前的規劃一週四餐，我就感覺到非常自由。而且，每當這一餐來臨的時候，內心無比興奮和期待。

世俗是加諸於肩膀上的枷鎖，讓人覺得一天三餐是必須的。但這個世俗，你可以不沾染，你可以從這個枷鎖掙脫出來，只要你開始做逆轉八福。你不要覺得律法是讓人不自由的，不要以為律法就是限制你不可以，其實只有律法才能讓你獲得自由和釋放。

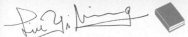

3.2

聽道行道的逆轉真理

沒有行道，信心虛浮，時刻行道，堅定信心。

〈雅各書第二章十八至二十節〉必有人說：「你有信心，我有行為；你將你沒有行為的信心指給我看，我便藉著我的行為，將我的信心指給你看。」你信神只有一位，你信的不錯；鬼魔也信，卻是戰兢。虛浮的人哪，你願意知道沒有行為的信心是死的嗎？

從這段經文可以看見雅各嚴厲的指責「沒有行為的信心」。他用的案例就是鬼魔也有信心，而且不輸我們，甚至勝過我們。對於雅各來說，沒有行為的信心等同於鬼魔，牠們也認同獨一的真神，非常清楚神只有一位，因為牠有服侍過神。但是，這樣的認知不足以得救，這樣的信心等同於魔鬼，你沒有贏過魔鬼，你跟牠一樣而已。所以你如果亂拜拜，那你甚至連魔鬼都不如。

沒有行為的信心，就是虛浮。虛浮的原文是無知的；所以虛浮的人，就是無知的人。逆轉八福的行為是大全的，能夠指出扎實的信心。當雅各要求指出信心的時候，是要求人表現出來，並且清楚從何而來。所以除了逆轉八福以外，你很難指出信心，你光是說出屬靈的術語，是不能證明的。我認識很多滿口屬靈術語的人，有些還是教會的領袖，但他們連《聖經》都沒有在讀，就光會講屬靈的術語，沒辦法指出信心給我看。

沒有行為的信心是死的，這裡講到「死」這個字，原文是「無用的」。這就讓我感受到當今教會廣泛接受來自鬼魔的死信心、無用的信心。這樣的信心經受不起試煉，真的遇到就像現在這樣，然後你會發現你的信仰，對於你所遭遇的危機沒有任何幫助，沒有辦法幫助你度過信心的危機。

反觀現在的世俗，大家在那邊瘋狂的搶，什麼都搶，口罩啊衛生紙啊罐頭啊……現在要開始搶疫苗，結果疫苗打下去，也有人死。不管台灣還是國際間都有不少老人家打了疫苗致死的案例，最後的結論是：怎麼判斷家裡的長輩要不要打疫苗，你自己看著辦；這就是很大的信心危機，問這些官員，也只會說根據醫學數據，打疫苗還是比較好。這個答覆，有回答等於沒有回答，意思就是說打了還是有可能會死，所以還是要你自己判斷，萬一不幸死了也是你的事情，因為是你自己決定的嘛。

在這個時候，信心多麼重要，我們的信心，獨一的真神，的確是最可信靠的；信靠祂萬全穩妥。可是魔鬼也相信神啊！只是卻戰戰兢兢。回過頭想想，你現在所接受並具備的信心，是哪種信心？能不能經得起考驗？能不能在關鍵時刻發揮力量，帶領你走過驚濤駭浪，而不戰戰兢兢？魔鬼的信心讓牠戰兢，英文很生動地表達這樣的戰兢是會發抖懼怕的。竟然信心讓人發抖害怕，魔鬼的信心是完全純正的，卻令牠戰兢害怕。這樣的信心是虛浮的，是死的、無用的，是無知的。你要省察你自己的信心到底是哪種？這些都是值得我們思考的事情。

〈雅各書第二章二十一至二十三節〉我們的祖宗亞伯拉罕把他兒子以撒獻在壇上，豈不是因行為稱義嗎？可見，信心是與他的行為並行，而且信心因著行為才得成全。這就應驗經上所說：「亞伯拉罕信神，這就算為他的義。」他又得稱為神的朋友。

雅各從亞伯拉罕的案例來指出，有行為的信心是怎麼一回事。保羅說

「因信稱義」，但雅各卻說「因行稱義」，乍看之下兩者矛盾，但其實這是完全沒有衝突的事情。亞伯拉罕被稱為信心之父，神叫他獻上兒子，他明知不可為而為之，得以成義。我常常分享這種體悟——信心就是明知不可為而為之。

例如當初開咖啡廳，確定會倒閉，我明知不可為而為之。所以稱義是什麼意思？因為行為，上帝因此看見了我的信心。所以信心之父的信心是與行為並行，絕對不是「說就天下無敵，做就有氣無力」。多少人都是這樣，從耶穌時代的法利賽人，到現在的基督徒，教會裡的領袖……說得天花亂墜，做出來軟弱無力。

我常常看到很有名望的牧師，可是講道時，講到身體的操練往往有氣無力。信心之父的信，因為行為才得以成全，不然永遠都是殘缺的信心，沒辦法成全你的信心。信心之父的信心，讓他被稱為神的朋友，這有多不容易！神把亞伯拉罕當成朋友到什麼程度你知道嗎？要毀滅所多瑪和蛾摩拉之前，還跟亞伯拉罕商量，徵求他的意見。上帝的使者跟他討價還價，五十個義人、四十個義人……最後討價還價到十個義人。

當你有信心，上帝會把你當朋友，把你的地位提升到幾乎跟祂平起平坐。但是沒有行為的信心，會讓鬼魔變成神的仇敵，這是一個非常令人驚訝的真理。有行為的信心讓你成為神的朋友，但是沒有行為的信心，會讓你成為神的仇敵。沒有中間的灰色地帶，要不然你就是神的朋友，要不然就是神的仇敵；換句話說，要不你就是神的朋友，要不你就是魔鬼的朋友。所以，你要得以成全，成為一個成熟的，完整的基督徒。

3.3

聽道行道的逆轉真理

憑信而行，自我操練，鋼鐵行為，因行稱義。

〈雅各書第二章二十四至二十六節〉這樣看來，人稱義是因著行為，不是單因著信。妓女喇合接待使者，又放他們從別的路上出去，不也是一樣因行為稱義嗎？身體沒有靈魂是死的，信心沒有行為也是死的。

雅各還有另外一個信心的案例，從妓女喇合的信心與行為的故事，再次讓人們了解稱義是因著行為。喇合的行為，充滿了因信心而來的勇氣，她用信心接待窺探迦南地的使者，因為她有極大的信心，相信耶利哥城會被滅，所以平平安安放使者出去。耶利哥城是一座城牆厚實的大城，當時怎麼看都不可能被滅。結果竟然是以色列人每天繞行城牆一次，第七天一口氣繞了七次，牆就倒塌了。

我們要知道喇合是一個妓女，沒有念過什麼書，沒有家世背景，甚至連道德標準都不太一樣。但是她竟然有信心，這就是上帝給她的，上帝揀選她的，後來喇合有了美好的愛情結局，嫁給當時她所接待的其中一位使者撒門。而撒門和喇合所生的兒子就是波阿斯，大衛的曾祖父。喇合的信心，成就了她美好的愛情結局，更成為大衛王的先祖。

所以真信心是要付上生命的代價，我們信耶穌不是嘴巴上說心中有平安，事事順利，我的孩子和婚姻都會很美滿……沒有，從喇合的故事，告訴我們信心要具備勇氣，甚至必須付出生命代價。正如《聖經》講人活著不單靠食物，乃是靠神口中的話。同樣的，稱義是因為行為，不單是因為信心，所以我們一定要搞清楚《聖經》到處都講因信稱義，可是為什麼會有〈雅各書〉的因行稱義？就是告訴我們，沒有行為的信心是無用的。

人活著不單靠身體的運作，還需要靈魂。同樣的，信心活著，必須要有行為。否則只是看起來像在運作而已，很多基督徒都有做禮拜，有讀經禱告，有十一奉獻，有慈善行為，也願意幫助弱勢……但是卻沒有真的信心，沒有真正的願意付出生命，做出像喇合這樣付出生命的行為，這樣是無法稱義的。逆轉無非是藉由靈魂策動身體的操練，也間接的告訴我們，用鋼鐵的行為，證明真信心。這是我最近的體驗，非常寫實；臉書提醒我八年前的今天，為了要跑完的人生的第一場馬拉松，我從新店的河堤跑到萬華練跑，然後再跑回新店，總共二十三公里；最後全馬花了六小時二十二分鐘。

但是我發現當時我做了很多很蠢的事情，那時候我喝舒跑，吃香蕉。加上在教會裡面認識一個教練，他告訴我還要吃山楂餅。我當時覺得這樣很棒，所以猛吃山楂餅，結果越吃越渴；猛灌舒跑，越喝越渴，快要虛脫。後來我回去看這位教練的臉書時，發現他全身肥油，好大一隻，肚子充滿了脂肪，我就驚覺這樣是錯的。

所以八年後的今天，我是零卡跑全馬，最佳紀錄大約四個半小時。這就是真正的信心，加上行為，而且修正再修正。我們時刻要行道，藉著逆轉，因行為而成義，因為只有行為，才可以證明出你信心的真偽。

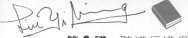

3.4

聽道行道的逆轉真理

尋求逆轉，治死惡慾，與神為友，義之正道。

〈雅各書第四章第一至三節〉你們中間的爭戰鬥毆是從哪裡來的呢？不是從你們百體中戰鬥之私慾來的嗎？你們貪戀，還是得不著；你們殺害嫉妒，又鬥毆爭戰，也不能得。你們得不著，是因為你們不求。你們求也得不著，是因為你們妄求，要浪費在你們的宴樂中。

這裡雅各又很嚴厲的責備，告訴我們從哪裡來這麼多的爭戰鬥毆？他的答案是，百體內互相戰鬥的私慾。在我們身體裡面有很多的私慾，讓我們的身體變成一個戰場，互相鬥毆爭戰，打得非常凶狠。這是我真正親身體驗的，以前我還沒逆轉時，常常會貪戀私慾，只想放縱自己。這裡講到幾個詞：貪念、殺害、嫉妒、鬥毆和爭戰，這就是活在私慾中。人不懂得求，是因為他不知道怎麼做，所有的行為完全亂了章法，完全都深陷在黑暗之中。

他們不知道神就在這裡，可以求告神；因為這種活在私慾裡面的人，神擺在他前面，也不信，不知道怎麼求；神願意祝福，也不知道怎麼得到，只會浪費在順從肉體的情慾的宴樂之中。這就是不做逆轉的人，他的生命寫照；把全部的精力，浪費在順從自己的肉體上，要舒服、吃好、穿好、用好、睡好，還要養生……一切都要讓自己過最舒服享樂的生活。

所有做逆轉八福的人，才是真正懂得求的人，因為我們求神的國跟神的義，求正道。只有從逆轉的自律行為裡面，從禁食、跑馬、重訓的鋼鐵操練中，才可以清楚並且具體展現正道，我們藉由逆轉，可以治死所有的惡慾。

〈雅各書第四章第四至六節〉你們這些淫亂的人（原文是作淫婦）哪，豈不知與世俗為友就是與神為敵嗎？所以凡想要與世俗為友的，就是與神為敵了。你們想經上所說是徒然的嗎？神所賜、住在我們裡面的靈，是戀愛至於嫉妒嗎？但他賜更多的恩典，所以經上說：「神阻擋驕傲的人，賜恩給謙卑的人。」

前面才提過世俗主義，這裡就更清楚的說，與世俗為友就是與神為敵。

雅各的措辭更加強烈了，他說與世俗為友就是姦夫淫婦，其實這是很嚴重的指控。他破口大罵，言語粗俗，卻鏗鏘有力，擲地有聲，那我們學雅各這樣罵，也是剛好而已。很多基督徒心中就會暗問：「有這麼嚴重嗎？」他們會覺得：我禮拜一到禮拜六過的生活跟世人一樣，然後禮拜日來做禮拜淨化自己，這樣好像蠻不錯的，過世俗的生活有什麼不好？很嚴重嗎？

這就是很多基督徒，只會心裡嘰嘰歪歪，卻又不敢問得很大聲的問題。但是《聖經》已經寫得很清楚了，這些人是有閱讀障礙嗎？他們還在那裡不以為意，說什麼不會啦，上帝是慈愛的，我們活在恩典的時代，上帝會原諒我們，一點點世俗沒有關係啦……在不同的地方，世俗會有不太一樣的表現方法。

你知道在美國最世俗的一個節日是什麼嗎？你絕對想不到——是聖誕節。我以前在美國底特律時，認識一位非常虔誠的基督徒牙醫。當時我很窮，他幫我做根管治療，才收五十塊美金，我記到現在，他非常有愛心，那顆牙齒我至今還在用，做得很仔細，非常好。

但他禁止他的女兒過聖誕節，很嚴肅的告訴女兒：「聖誕老公公根本就是一個虛構的人物。」我們現在開玩笑說：「誰是聖誕老公公？」就拎北啊，買聖誕禮物的錢是誰付的？拎北付的啊，所以聖誕老公公就是拎北啦。但是美國的小孩全部都相信在聖誕夜放一個大襪子，隔天一覺醒來，裡面就會塞滿了禮物。不就老北老木花錢買的，還聖誕老公公送的咧！

有可能你到其他地方去問：聖誕節是誰的生日？很多人會說是聖誕老公公的生日。這夠世俗吧！然後每個家庭裡面都放聖誕樹，精心布置，張燈結綵，霓虹燈搞得閃亮亮。你知道台灣的經濟起飛就是靠這些燈飾出口的嗎？每家都有。但是在美國，聖誕節全部只有我家沒有這樣布置，我媽媽是很有智慧的人，她說這樣看起來很像「菜店」，台語就是應召站妓女戶啦。

這樣的世俗竟然以耶穌的降生日做為代表，簡直是與神為敵嘛！商人們把聖誕節變成最世俗的節日，大家瘋狂的消費，促進經濟活絡。耶穌？在哪裡？搞得聖誕節完全沒有人紀念耶穌了。所以牙醫禁止他的女兒過世俗的聖誕節，這點令我非常贊同。很多人會覺得我們幹嘛這麼偏激？聖誕節嘛，大人快快樂樂吃大餐，小孩開開心心收禮物不是很好嗎？

聽我說完以後，你還覺得事情沒有那麼嚴重？沒有那麼可怕？旁觀者清，當局者迷。當你陷在裡面的時候，完全不會覺得哪裡有問題。

經文提到神所賜，住在我們裡面的靈，是戀愛至於嫉妒。這一點明確的告訴我們：你如果愛世俗重情慾，必導致嫉妒。《聖經》裡面講的罪，共有兩個，其中一個是嫉妒，另外一個是驕傲。神阻擋驕傲的人，恩待的謙卑的人，所以愛世俗重情慾的人，必導致驕傲。

我們必須藉著時刻的行道，藉著逆轉，我們與神為友，而不要與世俗為友；這只能二選一，絕對沒有腳踏兩條船這回事。

3.5

聽道行道的逆轉真理

順服上帝，抵擋魔鬼，逆轉八福，與神親近。

〈雅各書第四章第七至十節〉故此，你們要順服神。務要抵擋魔鬼，魔鬼就必離開你們逃跑了。你們親近神，神就必親近你們。有罪的人哪，要潔淨你們的手！心懷二意的人哪，要清潔你們的心！你們要愁苦、悲哀、哭泣，將喜笑變作悲哀，歡樂變作愁悶。務要在主面前自卑，主就必叫你們升高。

這裡講到順服神和抵擋魔鬼。當我們遇到魔鬼的時候，務必要抵擋，牠就會離開。你以為魔鬼很威嗎？以為魔鬼很強嗎？當你抵擋，牠就會逃跑了。逆轉八福是唯一可以驅逐魔鬼的寶典，超級有用。魔鬼每次都會說：「不要抵擋啊，多吃一點。」

所以，會跟你說「加減吃一點」，叫你不要抵擋「美食誘惑」的人，小心他們都是魔鬼的間諜。這些就是典型魔鬼會說的話，你只要大聲嗆他：「拎北就是不吃！」或是「給拎北滾開！」他們就會逃跑了。

零卡是多麼重要！不要再嘰嘰歪歪的說只有一點點，又不會怎麼樣，妥協一下沒關係，蒟蒻是零卡啦沒關係的……千萬不可以！在這個時候，我們要抵擋，不可以有任何的妥協。

你以為大聲的詠唱詩歌，跪著禱告，你就是親近神嗎？然後叫你去濫跑，叫你禁食，叫你去重訓，你就在那邊哀北靠木，嘰嘰歪歪……這哪是親近神？我認為逆轉八福是唯一能夠有效親近神的法則。每次在準備講章，我都覺得跟神很親近，完全沒有任何隔閡，就是因為我平常都在做逆轉八福，二十四小時在執行，因而得到跟神親近的美好。

心懷二意的人，往往到處拜石頭、拜木頭、拜樹頭、拜死人骨頭……這種人最容易被魔鬼抓去。逆轉八福藉著愁苦、悲哀和哭泣，清潔你們的心。逆轉八福就是鼓勵人，勸人去做這些愁苦、悲哀和哭泣的事情，當你願意去做世人看起來「不舒服」的事情時，你的心就會變得清潔，煥然一新。世俗的人都不愛愁苦、悲哀和哭泣……但我們反而要倒過來，逆轉就是要倒著做。

逆轉八福，使我們在謙卑之後被主升高。真的都是我天天在經歷的，逆轉一直被抹黑、貶低、被唾棄……有時真的會做到很吃力，感覺都沒有得到獎賞。可是我不屈不撓，藉著逆轉與神親近，得到安慰，得以繼續走下去，感謝神。

呼籲——逆轉追隨者

聽道行道，勿染世俗，
擺脫虛浮，因行稱義。

呼召——逆轉勇士們

死而後已，治死情慾，
與神為友，抵擋魔鬼。

第4講

敬虔操練得逆轉

提摩太前書第四章的教誨

4.1

敬虔操練的逆轉真理

聽從聖靈，信從聖靈，熱愛聖靈，高舉聖靈。

〈提摩太前書第四章第一節〉聖靈明說，在後來的時候，必有人離棄真道，聽從那引誘人的邪靈和鬼魔的道理。

使徒保羅勸勉年輕的傳道人提摩太，關於末後的時代會出現哪些亂象。一開頭聖靈就強而有力的明說，我們有耳的人就應當留神的聽。不過，聖靈的聲音不大，都是微小的聲音，如果想要聽見，首先要非常留神，再來心要非常清淨，不能有許多的繁雜在我們的心裡面。聖靈明說，必有人遺棄真道，所以這是預料中的事情。

持守真道，要一直堅持下去並不容易，並且末後將會有邪靈和鬼魔的道理引誘和誤導，我們絕對不能聽從。好比在外面常常會聽到許多誤導人的道理，甚或是欺騙和利用，千萬不要中計。我們要信守聖靈，熱愛聖靈，要高舉勝利，因為只有聖靈的聲音和引導，才能讓我們遵守並高舉神的話語。我們才可以避開並且擊敗鬼魔，乃至站立穩固，繼續逆轉周邊、家庭、社會和國家。

4.2 敬虔操練的逆轉真理

杜絕謊言，摒棄假冒，愛心實話，良鴿巧蛇。

〈提摩太前書第四章第二節〉這是因為說謊之人的假冒；這等人的良心如同被熱鐵烙慣了一般。

末後的世代，必有說謊假冒之人，這也無需意外。謊言和造假滿坑滿谷，近乎是全民運動。這樣的狀況在台灣非常嚴重，台灣已經被稱為世界詐騙第一大國，這是一件多麼不光彩的事情。放眼全世界，各種假冒詐騙的事情層出不窮，我們看人說謊話，或者是說謊的行為，常有不同的變化；例如少講一點、誇大一點、避重就輕、模糊焦點，或只挑悅耳的說，甚至還有什麼「選擇性真話」之類的胡謅鬼扯。

這些謊話常常被鬼魔包裝成聽起來好像不錯、很好笑，或好像是對的……總之都不老實。若你是一個做生意的人或是業務，常常這樣講話，就會不踏實不老實。例如賣保單，就誇耀保單的優點和好處，但是有一些限制和比較不好的部分，往往避重就輕，或當作沒這回事。不老實的案例，實在不勝枚舉，久而久之，一個人的良心會被燒壞，彷彿烙壞了一般，好的組織變成疤痕組織，燒壞之後慢慢壞死了，但壞死的良心還在那裡，卻已經毫無作用。

我觀察到良心或良知的約束力非常薄弱。的確，上帝給了我們良心，可是這個良心不足以讓我們行事舉止，都可以合乎上帝要我們所做的事，更不用說達到上帝要求的標準。當不老實已經成為一種習慣，講什麼謊話、誇張和誤導的話，也不當一回事，甚至講到後來自己都沒有察覺。這也是為什麼我們要聽聖靈的話，更要用我們敏銳的感官接收聖靈微小的聲音。

如果我們的良心組織是壞死的，就無法接受聖靈，也無法變成我們的幫助。面對謊言和假冒充斥的世代和社會，耶穌也有教導。在〈馬太福音第十章十六節〉有云：「**我差你們去，如同羊進入狼群；所以你們要靈巧像蛇，馴良像鴿子。**」

所以我們要順服耶穌的教導，要明白何謂「靈巧像蛇，馴良像鴿」，因為我們是一群想要分別為聖的上帝的百姓。但當我們進入狼群時，也要保護自己，不能變成狼的獵物，所以我們要懂得靈巧和馴良，其實很多作法，主耶穌基督都教導了我們。

所以，杜絕謊言要從自己做起，摒棄任何形式的假冒；要愛心說誠實話。但教會往往灌輸我們一個觀點：「說誠實話沒有錯，但是我們要說得很溫柔，很中聽，才能讓人家接受。」

但我一點都不同意這個觀點，因為誠實話本身就很難聽進去；我嘗試過很多的方式，但發現百分之九十九的人都聽不進去。所以愛心說誠實話，不用太顧慮你說話的口吻和態度等等。「靈巧像蛇，馴良像鴿。」就是告訴我們要懂得變通，要明白什麼時候做什麼改變，好讓誠實話可以忠實地傳揚出去。

4.3

敬虔操練的逆轉真理

忠於婚姻，享受美食，慎思明辨，感恩接受。

〈提摩太前書第四章第三節〉他們禁止嫁娶，又禁戒食物（或作：又叫人戒葷），就是神所造、叫那信而明白真道的人感謝著領受的。

這個末後的時代，很明顯的徵兆就是必有破壞婚姻家庭的事情發生。在我小時候，聽到有人離婚是非常嚴重的事情，但是現在，離婚司空見慣，健全的家庭反而是少數。禁止嫁娶，就是破壞婚姻，就是破壞家庭。在我們的信仰當中，上帝在這世界上只有設立兩種機構，一種叫做婚姻和家庭，一種叫做教會。

但在台灣，一男一女、一生一世的婚姻和家庭關係已被破壞。也因此鬧出很多笑話。現在去個公共洗手間還要仔細看，是走到哪個洗手間，不要走到不是男也不是女的洗手間。搞得性別這麼混亂混淆，我真的看不懂到底在幹嘛？

保羅其實說得很清楚，末後的世代禁止嫁娶，就是破壞婚姻家庭，並且充滿各種光怪陸離的關係。因此，反婚姻就是挑戰上帝的權柄，這些都是來自邪靈和鬼魔，如果讓牠影響了你，你的婚姻和家庭一定是亂七八糟，不可能在一個正常健全的婚姻關係之中。

第二個末世破壞的行為是禁戒食物，**〈羅馬書第十四章第二節〉有人信百物都可吃；但那軟弱的，只吃蔬菜。**

經文夠清楚了吧，軟弱的人只吃蔬菜。那他們為什麼不吃肉？這點我也一直想瞭解為什麼。當我查考不同版本的聖經英文翻譯時，有一些翻譯是禁戒「食物」，但我現在使用英國皇室欽定的版本是《聖經》裡面最經典、最廣為採用的版本，其中就直接清清楚楚的指明戒的是「葷食」——就是肉。所以戒肉是邪靈和鬼魔的道理，在神眼中絕對是邪惡的，這一點不管要重覆多少次，我都會繼續強調下去。

特別是牛肉，我們吃了才知道它的美好和營養。但是卻有許許多多的學說，叫人吃不要吃牛肉，還說這樣比較環保……根本鬼扯，不吃牛肉就比較環保？吃素菜就比較環保？這些根本都是鬼魔似是而非的道理，各種假冒、誇大、模糊焦點，和避重就輕。

吃素說是為了不殺生，但蔬菜難道就沒有生命嗎？不殺牛，但殺植物就可以？這完全是沒有根據的模糊焦點，還有什麼不能殺生就吃蛋奶素……各式各樣的素，我真的搞不清楚；一切統統都是混淆，欲讓人驚嚇害怕的說法。當我們慎思明辨，接受真理之後，就會得到自由。因為神所造的，沒有什麼是不能吃的，只要感謝領受，沒有什麼不可以的，只管好好享受。

4.4

敬虔操練的逆轉真理

欣賞創造，百無禁忌，自由享用，知足喜樂。

〈提摩太前書第四章第四節〉凡神所造的物都是好的，若感謝著領受，就沒有一樣可棄的。

這裡的經文再繼續強調，末後的時代必棄絕神所創造的美物。上帝在創造天地的六天，每一天結束之前都會說神看祂所創造的都是好的。所以上帝創造的都是極其美好之物，但邪靈與鬼魔卻嫉妒棄絕。我常常嘲笑邪靈與鬼魔非常努力的在上班，一整天都在破壞、嫉妒和棄絕上帝認為美好的事物。讓人沒有自由，不敢去領受。

〈詩篇第一百零三篇第五節〉他用美物使你所願的得以知足，以至你如鷹返老還童。

但如果我們一日三餐，根本就沒有辦法好好享受美物。因為過多反而越不能滿足，也只會滿到溢出來，無法如鷹，無法返老還童；所以我們要摒棄這些三餐吃滿吃好的歪理。若你拒絕上帝所賜的美食美物，就是辱沒了上帝的賞賜和恩典。我們要感謝領受，而不是去拒絕，而且我們領受的時候是零罪惡感。除了我們的信仰，沒有其他的信仰可以做得到零罪惡感。

逆轉就是在提倡這樣的美好生活，毫不作假，零罪惡感，當我們禁食時，非常有紀律，當我們完成目標後，享受的每一餐都是慶功宴。我們要欣賞神的創造，欣賞真善美。魔鬼時常用各式各樣先入為主的意識、形態和學說，來欺騙綑綁我們；但我們能百無禁忌，除去一切的限制、迷信、綑綁和兇惡。我們享受上帝給我們的一切美好，包括美食、衣服和居住的環境……因此知足喜樂。

4.5

敬虔操練的逆轉真理

道成肉身，不住禱告，遠避汙穢，討主喜悅。

〈提摩太前書第四章第五節〉都因神的道和人的祈求成為聖潔了。

上帝的道極其美好，但邪靈鬼魔會百般阻撓，不讓我們領受上帝的道。我們用祈求，來讓神的道成為聖潔，人的祈求是馨香之氣，但邪靈鬼魔卻意圖染指，無所不用其極的把汙穢沾染在神的道上。因為牠知道自己沒有辦法阻止神的道傳揚，所以使出破壞和弄髒的詭計，用一點點汙穢和雜質，令人無法聖潔，無法分別為聖。

我自從教會成立之後，每天都在經歷分別為聖，魔鬼讓我受到許多的煩雜和攪擾，讓我不能分別為聖，不論是準備講章、讀經禱告或敬拜服事……我的心思意念都有很多的攪擾，讓我沒有辦法去做分別為聖的工作。

所以我們要竭力操練，傳逆轉的真理。而且我們過的生活也是行分別為聖，和一般人不一樣。人家吃，我們就餓；人家吃完在享樂的時候，我們在跑馬重訓。我們要藉著敬拜、讚美、讀經、禱告、禁食、濫跑、重訓和吃牛肉；每天操練，道成肉身。

道成肉身是耶穌給我們的榜樣，我們要把主的真道行出來，禮拜一到禮拜五，努力的道成肉身，行有紀律的生活型態，不住的禱告，遠避汙穢。因為汙穢到處都是，一不小心就染上，就好像食物中毒一樣，食物有了一點點的汙穢，可能就上吐下瀉。我們要極力的討主喜悅，成為祂所喜悅的孩子，若不讀《聖經》，就不能領略。

4.6

敬虔操練的逆轉真理

苦口婆心，任勞任怨，吃苦吃補，謙卑受教。

〈提摩太前書第四章第六節〉你若將這些事提醒弟兄們，便是基督耶穌的好執事，在真道的話語和你向來所服從的善道上得了教育。

在傳道的工作裡，教育是非常重要的一環，末後世代對真道學習很遲鈍。因此保羅要提摩太不厭其煩的提醒弟兄們，身為一個好的教師或傳道者，很重要的是會抓重點，不廢話離題。教育者講道要非常謹慎，好好思考為什麼每次站在台上講道，底下信徒都睡成一片？因為一直都聽不到你講的重點，無聊就會想睡了。不要為此責怪聽眾，絕大部分是講者自己要反省。既然服事了耶穌，我們就要成為最好的服事者，做一個最好的僕人。逆轉八福就是最美好的事奉，我們可以教人家走在逆轉的道路上。

我們要傳揚真道，就要接受話語精良的訓練，所以我們得殷勤鍛鍊，要知道什麼叫做真正的營養，才能好好提供最棒的逆轉美食，這些都要精良的訓練。因為我們傳的是純正的教義，純正的教義沒有雜質、假冒、千真萬確，透過不停學習純正的教義，它更蘊含了高標準的學術以及專業。

當教師的要做好這些事情，不能誤導學生；教師如果誤導，會受到嚴厲的審判。我很怕人家叫我劉老師，請把這個尊稱留給我爸爸；老師的責任非常重大，叫我劉醫師就好，反正我醫不好的，上帝會醫治。

我的經驗告訴我，必須要苦口婆心，任勞任怨，做好榜樣，吃苦當作吃補。如果我們自己沒有辦法謙卑受教，也就也沒有辦法讓我們的跟隨者謙卑受教。很多人看我覺得我的態度不好，非常驕傲，但是，我一點都不會自責，更不會在意，因為我只看上帝是否認可。

到目前為止，上帝非常的認可，我在上帝面前，也非常謹慎，謙卑受教。如果上帝對我有什麼不高興，祂會很快的讓我知道，我也會馬上修正。畢竟對於我所教導出去的逆轉之道，上帝已經為我背書，祂支持並賞賜權柄。

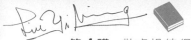

4.7

敬虔操練的逆轉真理

拒絕荒謬，拒作愚婦，拒鬼打牆，堅持逆轉。

〈提摩太前書第四章第七節〉只是要棄絕那世俗的言語和老婦荒渺的話，在敬虔上操練自己。

這節經文經典傳神的描述，令我拍案叫絕，二〇〇〇年前的描述，到了現代一樣適用。很多婦女看到這節就生氣，抗議保羅不尊重女性，怎麼用這樣的話比喻。但我常常人坐在咖啡廳裡，就聽見隔壁的阿桑高談闊論，蠢人必說蠢話；聞言只能一直搖頭，果然北七無極限……聽的人卻還頻頻點頭，可見兩個人都蠢到無藥可救。

我發現這些北七，就有如老婦說荒渺的話，不重要的事情當作很重要，淨是講愚蠢的傳言和迷思、沒有根據的鬼話，然後鬼打牆。我們要遠離這樣的北七，好好敬虔的操練自己，免得自己變得和他們一樣愚蠢無知。我們要拒絕荒謬，拒作這樣的蠢人，殊不知那些鬼打牆的言論，讓剛剛開始做逆轉的人很困擾，往往聽到一堆屁話，例如：「為什麼要這樣虐待自己？」、「我們就是要吃三餐才對。」這些老婦荒渺的話，讓他們肯定做不久，做不下去，做不成功，然後搞到後來，只能回去跟他們過那種愚蠢滅亡的生活。

日夜操練逆轉是一種展現信仰的行為，絕對不是坐在那邊默想神的話語，跪在那邊二十四小時禱告，我就不相信你可以這樣做。除卻這些靈修的時間，我一直在操練逆轉，就像這禮拜我又跑出新紀錄，到現在腳還很痠痛，但這才是敬虔的操練。

4.8

敬虔操練的逆轉真理

禁慾無益，榮美體態，榮耀上帝，可信可佩。

〈提摩太前書第四章八至九節〉「操練身體，益處還少；惟獨敬虔，凡事都有益處，因有今生和來生的應許。」這話是可信的，是十分可佩服的。

我們起初看到這段經文，都覺得文中好像貶低了對於身體鍛鍊的價值；但是事實上，這段經文是被誤解的，我們也無需意外末後世代貶低對身體的操練。這邊提到身體的操練，我覺得可以解釋為當時的基督徒仍在奉行的禁慾主義，也就是肉身主義裡面的禁慾主義，這些人認為用禁慾的方式操練身體會有益處。這一點保羅也認同，但認為益處不大，還是回歸敬虔的操練，得益比較顯著。

對經文誤解的結果卻導致現在的教會大多都不操練身體，他們認為操練身體並不屬靈。這真是糟糕的二分法，其實只要是敬虔的操練，就都有價值，沒有不可以的，其中更包括身體的操練。所以很多基督徒都不知道，也不相信屬靈的操練包括濫跑和重訓，也不相信身體的操練，會對今生和來生都很有幫助。多數的基督徒認為，我們身體會毀壞，一天不如一天，最後死亡，就去天上與耶穌同在……這時身體就會得到救贖，得到永生，但這個觀念根本不合乎《聖經》的教導。

NBA湖人隊有一位傳奇人物埃・斯・格林（A.C. Green），雖然不是主將，但以防守出名，他在八〇年代的出賽場次共計一千兩百八十場，只因為受傷而缺席過三次，而他在第一千兩百七十七場賽事中保持了一個紀錄，就是連續出賽一千一百九十二場，他是NBA史上連續出場次數最多的球員，這也為他贏得了鐵人（Iron Man）的稱號。

看到這個鐵人，我就很有感覺，這是什麼樣的概念？NBA光季賽就有八十二場，加上季後賽，可以再多累積二十幾場，他不但連續出賽，還得過三枚冠軍戒指。既然他可以連續出賽，就能得知平時的訓練是多麼嚴謹。同時，最著名的是——他是個虔誠的基督徒，而且他公開分享信仰。

更重要的是，在出賽期間，他維持身體的聖潔，不行淫亂之事。因為這件事情，他常常受到嘲笑，出賽時下榻旅館，隊友時常惡作劇，找來女人進他的房間。但他每次都留下女人，自己去旅館的大廳睡覺，從來沒有沾染，非常潔身自愛。論球技，他也許沒有他的隊友魔術強生那麼厲害，但他被紀念，是因為他在神面前展現了敬虔操練的心志。

所以身體的操練和敬虔的操練息息相關，密不可分。維持一個榮美的體態，才可以榮耀上帝，這點是可信的，也是十分令人佩服的。教會的其中一項任務就是：讓這個世代不要貶低身體的操練。然而你看多少教會的傳道人，胖的胖，病的病，都沒有看見《聖經》在這方面的真理，或者看見了卻選擇不相信。這種屬靈／屬肉體的二分法，其實是完全錯誤的。

4.9

敬虔操練的逆轉真理

離開舒適，任勞甘苦，苦盡甘來，得救得贖。

〈提摩太前書第四章第十節〉我們勞苦努力，正是為此，因我們的指望在乎永生的神；他是萬人的救主，更是信徒的救主。

一味追求舒服是最違反《聖經》的真理，違反勞苦努力。我們要把我們的指望，建基在永活的上帝，如果不指望永生的神，我們就會失去永生的盼望。我們要讓身體勞苦努力，若你不在逆轉上面努力，真的體驗不到什麼叫做指望。上帝是萬能的救主，逆轉的真理能夠救萬物，所以我呼籲大家勞苦努力。讓身體得救得贖，在現今就可以做到，不用等到身體朽壞，不用等進醫院被插管，生不如死，死前才得救贖……這是不對的，也不合乎《聖經》的教導。

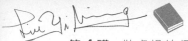

4.10

敬虔操練的逆轉真理

服從命令，謙遜溫柔，表裡合一，表率標竿。

〈提摩太前書第四章第十一至十二節〉這些事，你要吩咐人，也要教導人。不可叫人小看你年輕，總要在言語、行為、愛心、信心、清潔上，都做信徒的榜樣。

我在教會裡面看了這麼多年，都沒看到榜樣。保羅要提摩太吩咐和教導，吩咐是傳達命令，要人順服；主已經賜下逆轉的話語和權柄，當我站在講臺時，就代表主的話語和權柄，聽的人要順服。但是有的人會小看輕視，正如我前面提到的「鐵人」，我也勉勵自己的講道要達到一千一百九十二場，成為「鋼鐵傳道」的表率。

我的確是神的一個年輕的僕人，但我不容人小看，因為主已經高舉我，賜給我逆轉的權柄，那許許多多的案例，鐵證如山，由不得你不聽，由不得你不信，由不得你不行！既然我已獲得權柄，就算是新手，也不容小覷。我們要在言行上合一，做為榜樣；這一點我非常感謝上帝高舉我，讓我能夠做為表率，我的原則是說到做到，所以我在愛心、細心、和清潔上也要做到榜樣。

保羅勸勉提摩太，也是勸勉了我。因為這樣的操練，其實很不容易。謙遜溫柔並非軟弱無力，而是要我們做為表率，讓人敬佩。雖然我不太習慣聽別人的奉承，但是我們若要做到連仇敵都敬重的地步，就必須操練整套逆轉。

4.11

敬虔操練的逆轉真理

虔誠被召，得不得時，做好管家，霸氣辯論。

〈提摩太前書第四章第十三至十四節〉你要以宣讀、勸勉、教導為念，直等到我來。你不要輕忽所得的恩賜，就是從前藉著預言、在眾長老按手的時候賜給你的。

保羅要提摩太放下一切纏身的事物，專心傳道。這件事情也發生在我身上，主引導我放下纏身的事物，勸勉教導我。宣讀是在公開的場合，宣讀上帝的話，這個也是上帝在我身上的恩召，分別為聖。宣讀逆轉的真道，我什麼都不怕，就是要勇敢的站出來講道。

主給我百般恩賜，我怎能不善加利用，怎能去輕忽所得的恩賜？藉著先知全能的話語，宣道勸戒教訓。勸戒和教訓聽起來很嚴厲，一般人不喜歡。現在的人不喜歡被勸戒，不喜歡被教訓。一被教訓勸戒，就開始面目猙獰，體內的鬼魔都現形了。但是，蒙召的僕人，必須要用先知的預言，難聽的話勸戒。無論得時還是不得時都要講，要做神話語的好管家，霸氣的辯論。

現在基督徒和傳道人不敢與人辯論，認為這樣不好，會惹來攻擊。辯論有時聽來話語尖銳，看似攻擊，但別忘了保羅可是以辯論著稱，他是雄辯的使徒。不要誤解上帝要我們做的事情，我們不是隨時隨地找人吵架開戰，但是當遇到一些造假假冒的人，聽到老婦荒渺的話，見到詭詐的亂象……怎能不站出來，霸氣的跟他們辯論？怎麼可以不把真理抬出來？

很多基督徒最軟弱的是，連自己的信仰都不敢承認，因為他們沒有受到精良的訓練，根本無法打仗，出去只有被人家壓著打的份，挫敗的鎩羽而歸。他們在世界上沒有競爭力，在傳揚主道的時候，只會講軟趴趴的話語。喝屬靈奶水卻吃不了乾糧，做不了什麼有骨氣的大事，只會關在象牙塔彼此相愛，彼此安慰自己的軟弱。

4.12

敬虔操練的逆轉真理

殷勤專心，心無旁騖，謹慎恆心，心想事成。

〈提摩太前書第四章第十五至十六節〉這些事你要殷勤去做，並要在此專心，使眾人看出你的長進來。你要謹慎自己和自己的教訓，要在這些事上恆心；因為這樣行，又能救自己，又能救聽你的人。

你要把你的全人和全心浸泡在裡面，頭都洗下去了，不要有任何保留；隨時隨地追求嶄新的突破。所以我每個禮拜都在突破自己，可不可以再多跑一公里、可不可以體重再降下一點……這些都是我時刻在追求的突破，因為沒有長進，就是退化。要恆心殷勤地做，專心謹慎。遇到做不下去的時候，還是要勉為其難地做下去。

一直永不放棄的做下去，不管別人怎麼說，不管自己多麼難受，就是永不放棄，堅持到底做最後的贏家，否則你就是魯蛇。你可以救自己，也可以救別人。最怕那種福音傳給別人，結果自己卻滅亡的人。我實在是語重心長的提醒，真的不要救了別人，自己卻滅亡。以為事不關己，其實極為不可取；逆轉之道匹夫有責，我們除了逆轉自己，更有逆轉所有人的責任。

因此我們要更加謹慎，不要輕易放棄，走回頭路，反而滅亡。當我們殷勤專心，心無旁騖的操練時，我們也要保守一顆謹慎的恆心，最後才能心想事成。心想事成絕對不是只有坐在那邊，等著上帝從天上掉下來我們所要的東西。你要認識聖靈，要心靈誠實，戒慎敬畏神。愛你的婚姻，愛你的家庭。要把道成肉身的道，變成身體力行的道。保羅對提摩太的勉勵，也是給我們這個末後時代，每個願意逆轉者的極大勉勵。

呼籲——逆轉追隨者

認識聖靈，心靈誠實，
敬神愛家，道成肉身。

呼召——逆轉勇士們

受苦心志，智慧剛強，
言行一致，聖潔無瑕。

第5講

聖經福音得逆轉

提摩太後書第一至四章的教誨

5.1

聖經福音的逆轉真理

道成肉身，唯有耶穌，逆轉廢死，不壞生命。

〈提摩太後書第一章第九至十節〉神救了我們，以聖召召我們，不是按我們的行為，乃是按他的旨意和恩典；這恩典是萬古之先，在基督耶穌裡賜給我們的，但如今藉著我們救主基督耶穌的顯現才表明出來了。他已經把死廢去，藉著福音，將不能壞的生命彰顯出來。

《聖經》告訴我們，神是怎麼救贖我們的，我們得救，不是按照我們的行為多了不起，或是做得多好，而是藉著相信福音來救我們。神也是藉由福音，按照旨意和恩典呼召我們，祂在創造這世界的計劃裡，就放入了往後救恩的恩典。我們的上帝是從亙古到永遠，沒有時間的起頭和結尾的永恆真神。在人類的歷史裡面，上帝打破了時間的定律，到了某個時候讓耶穌基督顯現，預備好給我們的恩典。

這個恩典是什麼？就是神把死廢去。耶穌基督來成為人，來受苦難，釘在十字架上，藉由祂的復活，死才得以廢去，彰顯不能壞的生命。一開始，我就提到，我們深信我們的身，我們的生命是可以不壞的。但許多基督徒彰顯出來的生命，跟世人一樣，越吃越胖，越吃越病，後來就朽壞。幾乎所有的教會裡面關於病痛的代禱都非常多，你看這些基督徒，他們和外面的人有什麼不同嗎？

就是因為他們對福音真理的認知非常不足，只是相信耶穌復活，把死廢掉的恩典而已。但是祂復活的大能跟廢死的大能，似乎對那些基督徒沒有太大影響，以至於他們過的生活，和世人並沒有相差太多，一樣天天三餐往死裡吃；然後一樣的病，一樣的死，一樣的不堪，無法超越世人，更不用說分別為聖了。所以《聖經》載明了這個福音，基督道成肉身，若耶穌基督的救恩要賞賜給我們，必定是不能壞的美好；可是為什麼幾乎所有的基督徒，對於不能壞的生命卻鮮少有體驗？這點值得我們思考。

5.2

聖經福音的逆轉真理

忠於託付，傳講領受，榮耀我主，直到那日。

〈提摩太後書第一章第十一至十二節〉我為這福音奉派做傳道的，做使徒，做師傅。為這緣故，我也受這些苦難。然而我不以為恥；因為知道我所信的是誰，也深信他能保全我所交付他的（或作：他所交託我的），直到那日。

我很感恩上帝揀選我在教會服侍，每次的傳講都是我生命當中最充實喜樂的時光，讓我扎實的在神的話語下功夫。

「傳道」是要我們忠實的傳播，將神的道清清楚楚地傳揚出去，不需在意聽見的人，舒服不舒服，爽不爽，喜不喜歡。「使徒」要忠於使命，上帝召我出來傳逆轉的真理，所以我二十四小時不停做這件事情，講這件事情。

「師傅」要忠誠的教導，身為老師，就要忠於職分，諄諄教誨。把學生教到懂，教到會，令他們越來越有智慧。感謝上帝差遣我，篩選我做這件事情，這是無上的榮耀，也因此大大祝福我。

做傳道、使徒和師傅一定是會受苦的，甚至殉道，你要有這樣的認知和預備。如果福音不值得你付上生命的代價，那福音對你來說也就是可有可無的嘛；你覺得平常過世俗的日子，享受小確幸，反正禮拜天做禮拜，分享一下上帝的恩典就好……你看看保羅對提摩太的勉勵，絕對不只是這樣。福音必須要用上生命的代價，一切都要擺上，我們要清楚的知道我們所信的是誰，就會讓我們不以為恥。有多少基督徒傳福音的時候，可以這樣呢？很多基督徒講到福音就不好意思，不論在公開場合或職場，要承認自己是基督徒都很難，要怎麼樣才能夠做到不以為恥？另外一方面，你如果信錯神，拜錯神，你終必受到羞辱。

所以一定要深知我所信的是誰，這件事情非常重要，能夠靠著明白《聖經》，勤讀《聖經》以及每天沉浸在神的話語裡面得著；沒有辦法靠著喊口號獲得真理。所以我也要勉勵大家：既然你很清楚的知道，就必須要下功夫讀經——越早越好，越小越可以獲得智慧。提摩太就是有這個福氣，從小明白《聖經》，我本人也是這樣，使我一輩子蒙福。

我們將生命託付在主手中，也相信祂能保全祂所交互託付我們的。所以我們也要搞清楚神託付給我們什麼，要不然你這一輩子就會活得迷迷糊糊，不知道神救贖了我們之後，所給予我們的託付又是什麼？我們如何不辜負神呢？好好研讀《聖經》，從中每天都會告訴你，怎麼樣滿足神的託付。我們都有那麼一天，要與主面對面，要對主交代，接受審判，審核在得救之後，我們做了什麼？神託付的又做了多少，做得如何？我們要把我們的成績單，交給我們的主。

因此傳講《聖經》的真道是會令人受苦的，而不是平常把《聖經》擺在一邊，你喜歡讀的時候才讀。《聖經》在你的心裡面有沒有份量？這樣評估下來，百分之九十九的基督徒都不合格。真的喜歡《聖經》，就要表現在你的日常生活當中。感恩上帝，讓我站上講台，讓我片刻都不離開祂的話語。每個禮拜我都要準備一堂講道，如果沒有時時刻刻浸泡在神的話語裡面，真的很難講出道來，我自己必須要「吃」進《聖經》，好好消化吸收，才能清楚講道，完成神的託付。

5.3

聖經福音的逆轉真理

聖經無價，純正話語，寶貴基業，全心固守。

〈提摩太後書第一章第十三至十四節〉你從我聽的那純正話語的規模，要用在基督耶穌裡的信心和愛心，常常守著。從前所交託你的善道，你要靠著那住在我們裡面的聖靈牢牢地守著。

這裡的規模，指的是模板、模範。保羅傳講純正的話語，這裡的翻譯是響亮而健康的話語，模板好比是我們建築時所用的基材。所以神的話語就是用純正、響亮而健康的模板把我們建造起來；這個模板是在基督裡的信心和愛心，會把我們規範起來，讓我們有很好的成長環境。保羅勉勵提摩太要常常守著，常常跟隨這完美的模板，我們更要緊緊跟隨，好好學習耶穌基督這樣的模板，比照我們的主，表現基督裡的信心和愛心。

《聖經》是交託給你的善道，這裡的善道也翻譯得很好，譯為一筆龐大且良好的存款。該怎麼存入款項？就要靠聖靈了。當你得救的那天，聖靈就會幫你「開戶」；每當你讀《聖經》時，你的存款就會增加一些，點滴累積……越勤讀的人，存款就越多。不讀的人，就只有開戶時的那一點錢而已，不會變多。既然聖靈都幫你開戶了，你也要讓帳戶活化，本金和利息要越來越多，既然是存款，就是寶貴的基業，你就得牢牢守著，二十四小時看住，不要被偷走，不要虧損。

讀《聖經》就該用這樣的態度。我常常責備人家沒有讀《聖經》，很多人會說我有讀，還每天幾點鐘起床打開來讀……可是你沒有讀進去，因為我看不見你的信心和愛心，你還是軟趴趴的，這裡胖那裡病的。讀了《聖經》對你沒有產生什麼作用，你還是什麼都欠缺，什麼都不行，覺得自己還要尋求專業幫助，還要去看醫生和吃藥。

《聖經》給你的已經足夠，只是你沒有真正的持續存入本金，所以款項沒有增加。你如果知道《聖經》是如此的珍貴，就不會像現在這樣漠視，甚至糟蹋！這是我對現代教會，還有許多基督徒的責難，因為我發現他們完全不把《聖經》的話當一回事。我在年紀很小的時候就知道《聖經》裡面充滿寶藏，我常常一個人沉浸在《聖經》裡面，非常享受，因為我明白越讀越多賺越多。那時候甚至還很怕旁邊人知道這個祕訣，我想要自己賺就好了；然後看其他人在那邊摸索撞牆，我心裡很得意。我以前在阿根廷的教會，有一個以年輕人為主要成員的團契，非常喜愛讀《聖經》，現在我們這個團契之中，有許多位弟兄都成了大教會的牧師。

雖然當時的我看起來像個小混混，但我愛慕《聖經》的心完全不會輸給這些弟兄姐妹，甚至我大概是唯一只讀《聖經》，不讀其他書的人，靠著《聖經》我自己餵養自己。我們當時舉辦很多有趣的比賽，例如在有限的時間內比誰讀得最快？還有《聖經》的問題辯論之類。我在團契中其實不是讀最多讀最快的人，我們有一位黃弟兄，現在在紐約擔任主任牧師，他很強，一天可以讀二十五章，一個月讀完一遍；我沒他厲害，最多一天十六章，一年四次而已。回想那段時光，奠定深厚的基礎，感覺非常富有。自從我離開了阿根廷的教會後，就再也看不到像黃弟兄這樣勤勉讀經的基督徒了。

當你說愛《聖經》時，請你秀給我看，你愛到什麼程度？我還看到很多基督徒，從頭到尾說不出一句經文；你如果有讀，就不會連一句經文都講不出來。現在的基督徒到底幾個人會提到《聖經》呢？頂多牧師講道說了一兩句就這樣。所以你跟我說你知道《聖經》多麼的珍貴，我才不相信，看你那麼漠視，我就知道你的態度了，你根本沒把《聖經》當一回事！我常常講《聖經》擺在那邊已經幾千年了，你不去讀，那這本《聖經》就是一堆裝訂工整的紙張而已。甚至《聖經》本身字詞都是靜態的，只有藉著聖靈，才會活化，讀出新意，讀出屬於你的財富。

5.4

聖經福音的逆轉真理

聖經福音，死裡復活，耶穌基督，釋放綑綁。

〈提摩太後書第二章第八至十節〉你要記念耶穌基督乃是大衛的後裔，他從死裡復活，正合乎我所傳的福音。我為這福音受苦難，甚至被捆綁，像犯人一樣。然而，神的道卻不被捆綁。所以我為選民凡事忍耐，叫他們也可以得著那在基督耶穌裡的救恩和永遠的榮耀。

保羅為了傳福音，給我們立下的榜樣，不會因為被綑綁受苦難，而有絲毫的畏縮。也只有藉著這樣，才可以證明福音是不被綑綁的，所以他甘心樂意的傳道。我們的逆轉也是這樣，要百分之百的甘心樂意。叫你禁食、跑馬重訓……那些不想做的人，就會有很多質疑和藉口。但是能夠逆轉的人，不會問東問西鬼打牆，做就是了。只要你做了，你的疑問會隨著時間解開，到後來連問都不需要問。

WOMEN'S
HARLEY-DAVIDSON
HARLEY-DAVIDSON
SOFTAIL

使徒保羅願意受苦難，是為了讓福音不被綑綁，讓選民得救。《聖經》的福音以耶穌基督為主，他是大衛的後裔，身為人子，又死裡復活。整本《聖經》都是用不同的話，用不同的角度來講耶穌基督道成肉身，死裡復活，講明神救贖的計劃，讓我們不只得著盼望、救恩，也有永遠的榮耀。

5.5

聖經福音的逆轉真理

與主同死，與主同活，忍耐保守，一同作王。

〈提摩太後書第二章第十一至十三節〉有可信的話說：「我們若與基督同死，也必與他同活；我們若能忍耐，也必和他一同作王；我們若不認他，他也必不認我們；我們縱然失信，他仍是可信的，因為他不能背乎自己。」

「可信的話」是保羅在引述舊約，若與基督同死，必也同活，但是我們讀《聖經》有時候要用反思的方式來讀，例如此處所言，那若是沒有同死呢？這是我提出來給現今教會的質疑。我看到很多基督徒，信耶穌但沒有跟耶穌同死，還活在舒適圈裡面沾沾自喜，過著沒有操練的生活……我完全看不出他們有與基督同死。你如果一開始就沒有跟耶穌同死，後面怎麼忍耐也是沒有用，所以要跟耶穌真的同死；我們如果不跟耶穌同死，祂是不會認我們的。

我們最近在研究基督教改革改教的時期，分成兩派，加爾文派的學者認為一次相信，就必得救，而且是永遠得救。但是約翰衛斯理所代表那一派，則不認同「一次得救，永遠得救」的說法。你要做成你們得救的工夫，不是只有因信稱義，或因行稱義那麼簡單。所以在當時衛斯理的福音傳開後，很多酒吧經營不下去，很多基督徒的生命改變，不再喝酒。

可是會不會有基督徒從不喝酒轉為喝酒呢？是否就否認了他原來的信仰？這才是經文所提的「你不認我，我也不認你」的思考重點。很多人說要戒菸戒酒，結果從昨天開始戒，今天過完了，明天受不了又繼續抽菸喝酒了。靠腰，是在莊孝維嗎？好歹也戒個一年三年，再來說你有戒，我會為你拍拍手，鼓勵你持續往成功前進。

我們若不與耶穌基督同死，那也必遭主否認。現在的基督徒要小心鑒察，捫心自問真的有與主同死嗎？逆轉才是讓你跟主同死的最佳做法。你看我們每一次禁食跑馬都好像在死一樣，但我們都很甘心樂意，因為我們是在與耶穌基督同死。天主教有一個宗派叫做耶穌會，真的很厲害，他們是拖著大鐵塊，從山下拉到山上，他們認為這樣是與主同死，雖然旁人看他們很像起肖。當我開始做逆轉後，慢慢能夠體驗，為什麼他們願意這樣做，根本不在意別人把他們當作瘋子。我因而衷心的佩服他們這樣謹守，雖然看起來很極端；我們逆轉也是這樣，旁邊的人看我們禁食跑馬，也很像起肖一樣。

若你不與主同死，你就是失信的人，沒有信心；所以「同死」不是一個靜態的概念，而是時刻操練的現在進行式。而現今的信徒普遍不信與主同死同復活，他們都在失信，更不用提一同作王。請先證明你如何與主同死吧，例如我有時候會炫耀上禮拜因為受傷所以跑八十公里，這禮拜恢復後跑了一百公里，這就是我與主同死的數據，我拿得出來，你能嗎？你不要只會嘴，拿不出證據又講不過我，還說我霸凌你，那拎北也只好持續霸凌你了。

5.6

聖經福音的逆轉真理

藉由逆轉，活出復活，不落世俗，不招敗壞。

〈提摩太後書第二章第十四至十八節〉你要使眾人回想這些事，在主面前囑咐他們：不可為言語爭辯；這是沒有益處的，只能敗壞聽見的人。你當竭力在神面前得蒙喜悅，做無愧的工人，按著正意分解真理的道。但要遠避世俗的虛談，因為這等人必進到更不敬虔的地步。他們的話如同毒瘡，越爛越大；其中有許米乃和腓理徒，他們偏離了真道，說復活的事已過，就敗壞好些人的信心。

這裡保羅提出許米乃和腓理徒的案例來引以為戒，他們在當時帶領一群信徒，偏離真道。因此他勉勵提摩太，只要忠心傳道不要爭辯，因為爭辯無益，要當問心無愧的工人，用真正的意思來分解上帝的真理之道。這些用詞非常好，用「正意」來「分解」，外科醫師最懂這個了，開刀就是在分解和解剖。遠避世俗的虛談，這就是我最擅長的，電爆這些鬼打牆的無知魯蛇。因為世俗的虛談妨礙敬虔，妨礙你的逆轉，講得天花亂墜，嘴角全泡，但什麼都沒有，空虛不堪。

因此很多人肯定我，他們說：「我最喜歡聽鋼鐵醫師講話，沒有廢話。」最好笑的是走在街上，每個人拿出名片，全部都是專家、達人或師傅……全部都是拎老師啦！然後說的都是廢話，這些話猶如毒瘡越爛越大，保羅已經講得很清楚，又為何許米乃和腓理徒是毒瘡呢？因為他們在傳說，復活的事情已經過了，不會再有復活了。這是一個毒瘡，而且還進入教會！所以不要以為每一個基督徒都相信死裡復活。我們必須要藉著逆轉，活出復活的真道，免得落入世俗的敗壞。

提摩太是年輕且個性溫和的傳道人，可是保羅要他盡力除去這些毒瘡，以免越爛越大。

就跟本教會一樣，專門處理這類的毒瘡，由我這個外科醫師的長老來領頭開刀，這個工作是我最愛的部分，雖然我現在已經不開刀了，但是我還是以身為外科醫師為榮，只有外科醫師才能動刀挖除毒瘤。所以外科醫師是公認最優秀，最強大的醫師，絕對不會在那邊優柔寡斷，覺得出不了手；我們的每一刀都精準到位，毫無失誤，每一刀都要見血見骨才爽，上面的血漬都是我們榮耀的證明。

5.7

聖經福音的逆轉真理

教會信徒，半死不活，不讀聖經，不思主話。

〈提摩太後書第三章第十五至十七節〉並且知道你是從小明白聖經，這聖經能使你因信基督耶穌，有得救的智慧。聖經都是神所默示的（或作：凡神所默示的聖經），於教訓、督責、使人歸正、教導人學義都是有益的，叫屬神的人得以完全，預備行各樣的善事。

這段經文非常有名，《聖經》可以讓你得著得救的智慧，寶不寶貴？你要不要？你如果不得救，那你活在這個世界上，實在是可憐到不行，可憐到有剩。你不但要得救，你還要具備得救的智慧，而且最好是從小就要明白。當然一般人是到了年紀很大，才認識耶穌，不過沒關係，你現在開始還來得及。

感恩上帝，我很早就得到了得救的智慧。我去到阿根廷，十三歲就受洗，上帝賜給了我特別的智慧，我愛慕《聖經》，真是莫大恩典。也勉勵大家，你現在有這個機會還不晚，你以前不明白沒關係，你現在要趕快明白，花時間去明白，用你的生命去明白。

《聖經》的每字每句都出於上帝的氣息，這裡講的「默示」，就是上帝吐出一口氣，到你的鼻孔裡面，讓你成為有靈的活人。《聖經》就是讓我們信祂的人，原本是死的，但上帝呼出一口氣，讓我們活了。

上帝的氣息，讓我們只要讀《聖經》，就可獲得。所以反過來看，不讀《聖經》的人，基本上就是行屍走肉，基督徒也一樣。不讀《聖經》，不是只有面目猙獰，你根本就行屍走肉，根本沒有活著。就算你努力的賺錢上班，過著看似踏實的生活，都是行屍走肉。

因為人會走偏，所以需要被教訓、督責和歸正。教導人學義，其實就是教導人操練公義。所以公義是需要不斷操練的，不是說信了耶穌，就已經稱義，不用操練。所以勤讀《聖經》，才能不偏左右，我真的是因為從小到大一直讀《聖經》才逆轉，我以前是一個很會投機取巧的小孩，如果沒有讀《聖經》，我就會做各式各樣惡事，小惡會變大惡，從小壞人變大壞人。就是因為從小到大讀《聖經》，因此上帝給我每天的修正，讓我今天走在正途，真是莫大的恩典。

屬神的人得以完全，預備行各樣的善事，所以《聖經》為我們提供了盡善盡美的裝備。每項專業，每個專業人士都有他們專業的設備或設施。好比我們跑馬，不能穿皮鞋禮服，不對的裝備會讓你失敗。我之前還看過有人穿蜘蛛人的衣服跑馬，果然是 Spider-Man，失敗的 Man。

我們有了盡善盡美，完整的裝備，這樣才可以行上帝要我們做的事情。勤讀《聖經》，這是我們莫大的資產，你絕對不會有任何的缺乏，這是我從小到大一直篤信到今天的，而且我真的也是這樣做。在我的書房，你看不到其他書，只有《聖經》，我不讀其他的書。

現今教會的信徒，就是因為不讀《聖經》，所以半死不活，要死要活，不死不活。主的話就是上帝的氣息，你都沒有去吸上帝的氧氣，所以血中氧氣濃度低，用了呼吸器也救不活。你得了屬靈的 COVID-19，要怎麼活？你沒有接上呼吸器，呼吸進上帝的氣息。自我省察吧！你如果活在上帝的氣息裡，你今天會活成這樣嗎？你不成人樣，你能見證你的主嗎？誰會相信。

5.8

聖經福音的逆轉真理

凡事謹慎，忍受苦難，盡職傳道，使命必達。

〈提摩太後書第四章第二至五節〉務要傳道，無論得時不得時，總要專心；並用百般的忍耐，各樣的教訓，責備人、警戒人、勸勉人。因為時候要到，人必厭煩純正的道理，耳朵發癢，就隨從自己的情慾，增添好些師傅，並且掩耳不聽真道，偏向荒渺的言語。你卻要凡事謹慎，忍受苦難，做傳道的工夫，盡你的職分。

這段經文真是超級棒的勉勵和教導。務必要傳道，美國人最喜歡講，一個禮拜七天，每天二十四小時都在傳道。儘管傳講，無論得時不得時，我可以很自豪的講，一天二十四小時我都在傳道，用我的行動和言語傳逆轉的福音。所以我很喜樂的宣告，我極其樂意被主使用，作主的出口。我們要用百般的忍耐，完整和各樣的教訓來責備人、警戒人、勸勉人。

翻成鋼鐵醫師的語境就是電爆、狂吠、緊咬、嘲諷、苦勸……這就是我鋼鐵醫師的方式，你看，和保羅教導的方式一樣吧！保羅的言語很高尚嗎？從這兩講看下來，他也是很直接很粗俗的批評，所以我與有榮焉，我講話就是這樣。但是現在的人耳朵發癢，到處都癢，他隨著私慾增添好些師傅……二〇〇〇年前就發生的事情，到了二〇〇〇年後還是一樣，這些人都沒變。到處亂拜，假師傅到處都是，你聽了再多也學不了真道，因為那些假師傅說的都是荒渺的言語，引人落入迷思。因為你掩耳不聽，閉眼不看，拒絕逆轉的真道，漸漸偏向鬼扯鬼打牆的滅亡。

所以我們凡事謹慎，忍受苦難，逕自傳道。完成耶穌基督在我們身上所託付的大師，這樣才叫盡職分。神呼召我出來做這件事情，很感恩，我的教會不需要慘淡的經營，不是只有小貓兩三隻。感謝神，讓我藉著現代的傳播方式，可以將福音傳到世界各個角落，例如在我的 YouTube 訂閱者當中，我發現有一個訂閱者叫做「羅馬真道堂」，看了一下發現是一個華人教會，本來以為可能是跟〈羅馬書〉有關吧，後來我發現這個教會真的在羅馬。所以逆轉之道已經傳到了羅馬，這讓我雞皮疙瘩都起來了，更加感謝上帝的重用，我非常蒙福。有羅馬的弟兄姐妹聽我講道，感覺超棒。

我們要相信，死是可以被廢掉的。Facebook 被人直接翻譯成「非死不可」，其實《聖經》才是真正的「廢死 Book」；你天天浪費時間在看「非死不可」，你還不看看真正的「廢死 Book」嗎？我們不但要明白道，更要固守純正的道，你才能得救，得著得救的智慧。我們不要斷絕，我們不要對主失信，我們不要做毒瘡，而要做那個可以一同割絕毒瘡的人，我們要同死同活，止息敗壞。作為這個世界的鹽和光，時刻操練逆轉八福，盡忠傳道，等我們得見主面的那一天來臨時，可以交出漂亮的成績單。

呼籲——逆轉追隨者

廢死顯生，明道信道，
固守純正，得救復活。

呼召——逆轉勇士們

斷絕失信，止息敗壞，
操練公義，盡忠傳道。

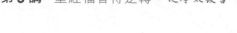

第6講

安慰盼望得逆轉

哥林多後書第一章的勉勵

6.1

安慰盼望的逆轉真理

預備接受，各樣患難，遭難之人，神賜安慰。

〈哥林多後書第一章三到四節〉願頌讚歸與我們的主耶穌基督的父神，就是發慈悲的父，賜各樣安慰的神。我們在一切患難中，他就安慰我們，叫我們能用神所賜的安慰去安慰那遭各樣患難的人。

經文一開始就告訴我們，我們是需要安慰的，因為我們身處在許多患難中；而患難讓我們體驗父神的慈悲，及各樣恩惠，讓我們在患難中有所依靠。如果這個世界上沒有患難，我們就不會需要倚靠我們的父神。真正的喜樂是在患難中，受到神所賜下的慈悲和安慰，神更是讓我們重新站起來的支柱。

神不但賜予我們安慰，也賦予我們安慰別人的任務，尤其是遭逢患難的人。我們可以好好思考為什麼強調 comfort 這個字？字義除了「安慰」，也是「舒服」。基督信仰永遠告訴我們，不要一味求舒服在舒適中度日，不要只想著躲避風險，我們要預備接受各樣患難的訓練，並且我們也要被訓練作為安慰者，具有安慰別人的能力。如果你只想過於舒適的日子，你就會變成軟腳蝦，變成魯蛇，變成沒三小路用的廢物，永遠無法面對逆境，沒有因患難而得到智慧與能力，更別提安慰別人。

6.2

安慰盼望的逆轉真理

苦楚患難，生命必需，安慰拯救，如影隨形。

〈哥林多後書第一章五到六節〉我們既多受基督的苦楚，就靠基督多得安慰。我們受患難呢，是為叫你們得安慰，得拯救；我們得安慰呢，也是為叫你們得安慰；這安慰能叫你們忍受我們所受的那樣苦楚。

這裡提到多受基督的苦楚，也靠基督多得安慰；原文 abundontly in Christ's sufferings 的 abundontly 就是豐盛，所以我們應當豐盛地受基督的苦楚，如此我們也豐盛地得著生命。耶穌是好牧人，為羊捨命以讓羊得生命，而且得到更豐盛的生命。受苦是豐盛的受苦，並不是多吃苦，越吃越苦，而是告訴我們越受苦越豐盛。

我們也靠基督多得安慰，share abundontly in comfort，豐盛的生命是先經過豐盛的受苦，才會豐盛的得安慰，得豐盛的生命。如果你只願意豐盛，只願意過舒服的生活，不願意多受基督的苦楚，你就沒有辦法得到豐盛的安慰。受患難也是為了讓別人獲得拯救與安慰，因此不受患難，就無法被拯救。這些都是基督教義的核心思想，都要受患難後才得拯救。耶穌基督也是自己先受患難，被釘在十字架上，死裡復活之後，才拯救我們。得安慰是為了教別人忍受同樣的苦楚，因此不受苦楚，就無法受安慰。我們要做榜樣，讓別人也能承受跟我同樣的苦楚。因此，我一直以身作則做給大家看，只有我也承受禁食和跑馬操練的苦楚，才有資格去勸別人做一樣的事情；當我跑得夠多，才能告訴別人跑得不夠，逆轉得不夠。

就算跑到受傷，我還是不會停，好證明就算跑到受傷，還是可以繼續。我們因此得到逆轉，得到安慰。所以我們要以做榜樣的決心和態度，絕不鬆懈，才可以安慰別人，並且拯救別人，讓這些身處苦難中的人得拯救。苦楚患難都是生命的必需品，我們不可以躲避；當我們沒有躲避，樂於承擔之後，安慰和拯救就會來臨，如影隨形。

6.3

安慰盼望的逆轉真理

不苦而獲，攏係騙肖，絕望吃苦，才有盼望。

〈哥林多後書第一章七到八節〉我們為你們所存的盼望是確定的，因為知道你們既是同受苦楚，也必同得安慰。弟兄們，我們不要你們不曉得，我們從前在亞西亞遭遇苦難，被壓太重，力不能勝，甚至連活命的指望都絕了；

這裡提到我們要同受苦楚，基督徒之間什麼叫做團契？什麼叫做弟兄姐妹？什麼叫做肢體？彼此之間的關懷和愛，其實是要我們同受苦楚，才能同得安慰。我在跑馬拉松的時候，特別有感受，一個人跑幾乎不可能成功；可是大家一起跑，就會變得比較可行，比較輕鬆。我們邊跑邊分享，邊講笑話嘻嘻哈哈；這就是同受苦楚也同得安慰的美好體會。同受苦處，你才能確定所存的盼望；如果不同受苦楚，我們真的不太能確定那個為我們所存的盼望是什麼。

為此，我們要摒棄拒絕那些只同甘不共苦的惡念。如同我們身為公民，享受權利，但也有應盡的義務；但很多人只肯享受權力，卻不想盡自己的義務。經文也告訴我們，只同甘卻不共苦的念頭很不好，你不受苦楚，也不會得安慰。我們必須摒棄拒絕受苦的膚淺思維，你千萬不要又回去當魯蛇。

現在台灣的社會風氣，只追求安逸，孩子們從小到大都活在舒適的環境，以至於他們都不想聽，不想吃苦，不想知道《聖經》的真理。在教會裡面，所講的道都是軟弱無力的好聽話，只講上帝是慈愛的神，不講上帝是審判的神。這種都是假的教導，不夠強度的教導，只會培養出膚淺的信徒，一遇到真正的患難和考驗就站不住腳，根基不穩，隨便打隨便趴在地上哀北靠木。

〈哥林多後書第六章四到五節〉反倒在各樣的事上表明自己是神的用人，就如在許多的忍耐、患難、窮乏、困苦、鞭打、監禁、擾亂、勤勞、警醒、不食。

這節經文，保羅就是在呼應之前在亞細亞所遭遇的苦難有多少，並且長時間的忍耐，在物質上面非常缺乏，還受到官府的鞭打和監禁，不停的勞役沒有休息，還沒東西吃。這裡的不食，並非指他為了上帝的工作所以禁食，而是他沒有食物可以吃。受苦到了這種程度，連他都覺得快活不下去了。

也因此保羅實在是我們的好榜樣，他教導我們受苦要受到什麼程度；要像他這樣受苦到厭世，才是真理。就像很多人覺得自己跑五公里或十公里就好棒棒拍拍手了，幹嘛非得要跑全馬呢？說他們是魯蛇，還不承認！因為當你跑到厭世，你才能體驗到真理。所以我們也要拒絕一味求舒服的假信仰，我們的信仰並沒有告訴你信耶穌之後一路順遂，平步青雲，每天都是藍天白雲好風光。到了夏天，你試試看每天都是藍天白雲會怎樣？你曬都曬死了，搞不好會中暑休克，還覺得是好風光嗎？

我們要摒除這些假信仰，因為除了基督宗教信仰以外，其他的民間宗教都在講風調雨順，國泰民安這種騙肖的話，根本沒有這樣的情況，又不是烏托邦。我們的生命一定有高山低谷，一定有壓力，一定有苦難，讓你到了某個時候力不能勝，想死的心都有了。在這個時候，你才能體驗到耶穌基督的恩典，讓我們得安慰得拯救。

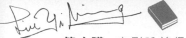

你想要的不是不勞而獲，甚至是不苦而獲才對；但其實，你要吃苦才會有盼望。不苦而獲的東西攏係假，攏系騙肖。當你吃苦吃到絕望才有用，若你還存有那麼一點點希望，可能還會繼續掙扎，用自己的方法，繼續錯下去。直到你覺得好像來到生命的盡頭，完全絕望的時候，才是神工作的起頭，才會有真正盼望生出來。

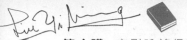

6.4

安慰盼望的逆轉真理

不死不活，半死半活，放手就死，指望復活。

〈哥林多後書第一章九到十節〉自己心裡也斷定是必死的，叫我們不靠自己，只靠叫死人復活的神。他曾救我們脫離那極大的死亡，現在仍要救我們，並且我們指望他將來還要救我們。

保羅自己都覺得他必死了，所以不要靠自己，要靠叫死人復活的神，才能脫離極大的死亡。「必死的」原文是指被判死刑，《聖經》與逆轉的真理都教導我們要好好的去死；我們就好像被判死刑的死因，所以我們永遠不靠自己。不信耶穌的人常常會笑基督徒軟弱，什麼都必須要靠上帝。那些人只會唬爛，說他們只靠自己，人定勝天，什麼都可以搞定，什麼都吃得開，什麼問題都難不倒，以為自己就是神。你看自己是神，我看你是個屁，我看你是個神經病。

《聖經》與逆轉的真理教導我們相信死裡復活，而不是靠自己，不是靠我們有限的能力，有限的資源，有限的年日，有限的健康……這些都不是我們可以依靠的。「極大的死亡」原文指的是往死裡吃，往死裡躺的生活型態。peril 這個字是描繪一個人雖然活著，可是不斷地往死裡走，往裡死吃，往死裡不運動。好比現在一直被錯誤教導，身體不舒服就要休息，要躺著；要多吃養生的東西之類的鬼話。然後呢？你越吃越病，越躺越爬不起來，越來越虛弱，像一根蠟燭慢慢燒盡而熄滅；這就是極大的死亡。

《聖經》裡的逆轉真理，永遠教導我們脫離這種狀態；要你起來跑，要你禁食，過操練有紀律的生活。最不想動的時候反而要去重訓，鍛練你的肌肉，這種生活型態才會讓人逆轉。極大的死亡就會被活潑的生命所取代，但是這個過程很不舒服。難道我現在感冒呼吸困難鼻塞，還要叫我去跑？我不是應該躺床蓋棉被喝薑湯嗎？你可以試試看，看哪種方法你會比較好。

耶穌基督的拯救是永遠的，過去現在將來。《聖經》裡面的逆轉真理，教導我們死透才會活潑，不要讓生命只有苟延殘喘的一口氣。你一口氣是在，還沒有死，但你羨慕這樣的生活？我寧願要死透了之後的復活，而且這個復活，是一個活潑的生命，很有生命力的活著。雖然不代表我們身體不會不舒服，不代表不會生病，但我們在生病的時候，還可以活出活潑的盼望。

我們不是要求身體的狀況百分百，要完整無瑕。這個世界有很多人搞不清楚重點在哪，看到鋼鐵醫師有白頭髮，就說為什麼不去染？看起來比較年輕。還說鋼鐵醫師的鬍子都白了，應該要剃掉，看起來比較年輕。這些人都看不到重點，我有白髮白鬍鬚又怎樣？還不是活得很活潑，很有力的跑全馬。

每次跑完馬拉松，坐捷運回家，站起來要下捷運時我常常挺不起腰，那個時候看鋼鐵醫師會以為我七十五歲。可是七十五歲還能跑全馬，我非常驕傲！而且我停留在七十五歲的狀況只有五秒，之後又是一尾活龍。這才叫是經過死，而得復活的活。所以我們不要過那種不死不活，半死半活的生命，放手就死，好好去死，然後就可以得到復活的指望；並且你會發現，不光是指望，更是美好的盼望。

這個都是逆轉所教導的，卻是現今教會完全不知道可以這樣做的。我們都相信復活的主，卻不相信祂也可以復活我們；相信摩西一百二十歲，眼睛沒有昏花，精神沒有衰敗；相信迦勒四十五歲作探子，八十五歲進迦南地，力量當時如何現在也如何……但就是不相信自己可以，都嘛勸人要服老，這麼老了做這些，還行嗎？這些倚老賣老的老人，都不知道自己早就不死不活，半死半活的過日子，居然還有臉講別人。

6.5 安慰盼望的逆轉真理

似是而非，出於惡者，逆轉來自，信實的神。

〈哥林多後書第一章十七到十九節〉我有此意，豈是反覆不定嗎？我所起的意，豈是從情慾起的，叫我忽是忽非嗎？我指著信實的神說，我們向你們所傳的道，並沒有是而又非的。因為我和西拉並提摩太，在你們中間所傳神的兒子耶穌基督，總沒有是而又非的，在他只有一是。

這裡提到幾個文字遊戲，忽是忽非，是而又非。反覆不定，很好理解，如同我們常常看到有些人對逆轉有興趣，但是後來遇到困難，就開始說這個我不行，那個我不行，我沒有辦法……馬上就動搖。這是逆轉的大忌，逆轉必須堅持，必須貫徹，必須按照規劃，日復一日，週復一週，月復一月，年復一年的做下去。不能夠從情慾起，講好聽一點就是用意志力，立志今天開始逆轉，今天開始禁食四十八小時，今天開始連續七天零卡。如果是從情慾起，用意志力控制身體趕快去做，通常三天過後，第四天必定打回原形，逆轉一定失敗。你必須順從聖靈的指引，讓逆轉成為一個扎實可行的規劃。

忽是忽非，就是是非不分；一下子是，一下子非，必然一敗塗地。耶穌最不喜歡我們忽是忽非；祂要我們是就說是，不是就說不是，若再多說一句就是出於惡者的口。因為惡者說話都是忽是忽非，又是又非，是而又非，似是而非。如果你做逆轉卻是非不分，絕對一敗塗地。

是而又非，是了又變成非？那必然會中途放棄。一開始說我要做，後來說我做不了，中途放棄。逆轉出自於我們信實的神，只要祂幫助你，你就非常清楚，不會在那邊一堆藉口，什麼各人情況不一樣，量力而為就好，不行就不要勉強，對自己好一點，要多養生，外面有很多專家說的話都可以參考……到後來你忽是忽非，是而又非，似是而非，是非不分，你不知道什麼是大是大非。

對真理有所掌握的人，就知道什麼是大是大非，當我們在做的時候，往往會給這些忽是忽非，是而又非，似是而非，是非不分的人帶來極大的壓力。他們會說我們霸凌他們，因為他受到壓力卻又做不出來。所以這個世界，最玻璃心，最怕人家霸凌的就是肥胖的人，他減不下來，也不能夠容許你說他胖；他會無限上綱，說你歧視，他要告你！但事實上，他就活在忽是忽非，是而又非，似是而非，是非不分的情況下。

我們想要去解救他們，但他會說你講話口氣很差，你沒有愛心；不敢承認自己玻璃心受不了任何批評。在這種情況之下，大家都要對他寬容有愛心，讓他繼續吃下去，從胖子變成死胖子。你真的覺得這樣對嗎？這樣是對他好？

6.6

落實信仰，牢抓應許，靠主逆轉，榮神益人。

安慰盼望的逆轉真理

〈哥林多後書第一章二十節〉神的應許，不論有多少，在基督都是是的。所以藉著他也都是實在（實在：原文作「阿們」）的，叫神因我們得榮耀。

這是非常偉大的應許，我曾經用這三節經文連續兩個月禱告，我稱這三節經文是完美應許的保證。這裡有七層保證，第一層是神的應許，不管有多少，在基督都是「是的」，絕對肯定，絕對不是模稜兩可，是就說「是」。只要是神所應許的，我們只要奉耶穌的名求，都是大寫的YES，全部成就。第二層是奉耶穌基督的名，所以藉著祂都是實在的，奉耶穌的名禱告，阿們就是「是」。藉著耶穌基督的名，我們只要是阿們的，就可以成。奉基督之名就是扎實的，被肯定之後，再被認證一次。

第三層則是叫神因我們得榮耀，當應許成就之後，我們就知道這是上帝的信實。為我們成就，我們榮耀上帝。很多時候神應許我們，是為了我們要來祝福這地上的百姓，要福臨萬民。人心在這個世界上，是詭詐且反覆不實的，唯有信靠耶穌，才是不變的真理。落實我們的信仰，牢抓應許，落實保證，靠主逆轉，榮耀神也助益人。

6.7

安慰盼望的逆轉真理

饑渴並非，無水無餅，逆轉應許，全然應驗。

〈哥林多後書第一章二十一至二十二節〉那在基督裡堅固我們和你們，並且膏我們的就是神。他又用印印了我們，並賜聖靈在我們心裡作憑據（原文作質）。

第四層的保證是在基督裡堅固我們，所以經過確認，就是YES，經過肯定，就是阿們，然後堅固我們。如果前面還不夠扎實，第四層就會令我們堅固，如同地基更加穩固。有的大樓經過地震後有點傾斜，但又不需要拆除，所以有技術讓地基再度穩固，還可以將傾斜的角度「校正回歸」。這好比骨質疏鬆的老人，常出現壓迫性骨折，三節脊椎壓縮成兩節。遇到這種情況，如果不是很嚴重，就可以灌「骨水泥」治療，讓它堅固。

第五層叫做恩膏，堅固之後，神就會膏我們。「膏」的動作，適用三種人：祭司、先知和君王。也就是說，你的身份是尊貴的。上帝看為貴重的器皿，你就會受膏，得到權柄，說出來的話會被認真聆聽，所以受恩膏的人，他已經達到一定的等級了。我們基督徒末後要跟耶穌一起來治理這個世界，因此我們有這樣的身分，你不能看輕自己，不要覺得自己沒有什麼。你要追求，若你夠上進，上帝就會恩膏你。

第六層則是寶印，如同上帝加蓋了祂的玉璽，表示永遠不會動搖；人會言而無信，但是上帝印了我們，永不改變。最後第七層是聖靈在我們心裡做憑據，好比我們買房子時，付出頭期款，表示我們買定了這間房子；從買定的時間算起，就得到屋子的使用權，雖然還沒有付清，但已經是被我們所擁有了。聖靈保惠師幫我們付了頭期款，幫我們做了保證人。人言而無信，但是聖靈會負責。

應許經過七層保證，那你還擔心喻？你害怕應許不成就嗎？在詭詐且言而無信的社會裡面，我們抓得到什麼救生圈？若我們在主裡面度過每一日，我們就毫無憂慮，有了應許的七層保證。

〈阿摩司書第八章第十一節〉主耶和華說：日子將到，我必命饑荒降在地上。人飢餓非因無餅，乾渴非因無水，乃因不聽耶和華的話。

我們要隨時省察自己，抓緊應許的七層保證，逆轉就會覺得容易一點，若你覺得你的逆轉做得非常不好，其實都是因為在七層保證出了問題。你是不是一開始就在那邊，忽是忽非，似是而非？那你就沒有辦法信下去，你跟聖靈和《聖經》都不熟，得不到堅固和恩膏，沒有加蓋玉璽，還要聖靈為我們付上贖價……你全都不知不覺，毫無意識到事情的嚴重性。以至於許多基督徒所過的生活，沒有榜樣，沒有信心，沒有見證；隨波逐流，活得和俗世的人差不多。

所以你要甘心受苦，受患難的操練。學習藉著患難得著主的安慰，拒絕求舒適舒服，你要從容赴死。你要成為明辨的人，知曉大是大非。用心實現上帝在我們身上的應許，神在我們身上有美好的藍圖和夢想的規劃，你要去實現，要得地為業，你要讓仇敵如水沖去般潰散。要成為神尊貴的器皿，所以請你從今天開始，不要假謙卑，不要一直說自己是卑微的人，沒有恩賜。上帝可以高舉你，讓你臉上有美好的榮光，使我們在敗壞而黑暗的世界中，成為榜樣。

呼籲——逆轉追隨者

甘受苦難，得主安慰，
拒求舒服，從容赴死。

呼召——逆轉勇士們

大是大非，實現應許，
尊貴大器，榮上加榮。

第7講 受難復活得逆轉

從新約看復活的真理無所不在

7.1

受難復活的逆轉真理

跟隨人子，捨己受苦，棄絕被殺，先死後生。

〈馬可福音第八章第三十一節〉從此，他教訓他們說：「人子必須受許多的苦，被長老、祭司長和文士棄絕，並且被殺，過三天復活。」

復活節和聖誕節，都是基督教最重要的慶典，在《聖經》裡面提到復活的經文非常多而豐富，我們也藉著福音書裡面，耶穌所提到的復活中，了解我們如何得到祂復活的大能。這件事情，在耶穌對門徒的教導中多次提到受苦、背棄、拒絕與被殺大有關聯。這裡都提到「必須」，人子為了三天後的復活必須這樣做；所以若沒有死，又哪能復活。

其實上帝要救人類，大可不必讓耶穌死。但是這是我們的神所定下來的救贖計劃；為了讓人類了解復活的大能。所以，耶穌已經知道這是祂必須要做的事，必須要走的路，必須受的苦難。因此淡化受苦的福音，其實是最不合乎《聖經》的教導。淡化受苦的福音，培養出來的都是軟趴趴的基督徒。

現今的教會在講道上，為了順應信徒不想受苦的心態，於是避開受苦的教訓，由此可以想見，培養出來的信徒會如何的軟弱；教會的道聽來聽去，不死不活，閃躲被殺的道理，讓信徒猶如喝奶的嬰兒，永遠無法吃固體食物，只會軟趴趴的在地上爬，永遠站不起來，永遠無法剛強勇敢。

逆轉的真理，其中一項就是認知——我們必須受苦。而受苦的必要性到目前為止，都被大多數人所棄絕，只有非常少數的人聽得進去，並且願意實踐。所以我才要一再地告訴大家，要跟隨人子，被棄絕被殺；先死後生，這永遠都是《聖經》的真理，我們要先死，才得以復活。

7.2 受難復活的逆轉真理

前我失喪，今被尋回，瞎眼得見，重獲光明。

〈路加福音十五章三十二節〉只是你這個兄弟是死而復活、失而又得的，所以我們理當歡喜快樂。

所以，什麼是死而復活？從路加福音十五章的這個故事中，我們都知道這個浪子並沒有真的死亡，只是離開了愛他的父親，斷絕與父親的關係。所以對父親來說，失去心愛的兒子，就如同兒子死亡一樣。那麼，當他重回父親的懷抱時，對父親而言，這個兒子就是死而復活，失而復得，萬分珍貴，便歡喜快樂。請試著回想一下，你在還沒有逆轉之前，失去了健康，但藉由逆轉，你重獲健康，又怎會不珍惜，不歡喜呢？

因此「先失後得」才是基督信仰的真理。若你不走死而復活，失而又得的道，只想投機取巧，安逸度日的「抄近路」，閃躲這些辛苦的事情，專挑好聽的話聽，專挑好走的路走……你這樣的行為和異教徒又有什麼區別？

因為異教徒就是求「風調雨順，國泰民安」而已，完全沒有死而復活和失而復得的真理。你如果不傳死而復活，失而又得的道，就是在傳講異端。你所傳的道不管多好聽，只也是廢話連篇的胡謅鬼扯。例如我常聽到有人講「成功神學」，就覺得講的和異端邪說沒有什麼差別。你如果不能打從心裡真心愛上「死而復活」的真理，你的逆轉就無法上路。

如同〈奇異恩典〉歌詞所言：「前我失喪，今被尋回，瞎眼今得看見。」這都是浪子回頭的故事，所給予我們的體悟。每一個信耶穌的人，都要有這樣的經歷，我們以前失喪，被主尋回；我們以前瞎眼，看不見真理，因主而重新得見。這些，都是逆轉帶給我們的盼望。

7.3 受難復活的逆轉真理

相信逆轉，相信復活，苦不徒然，信不枉然。

〈以弗所書第五章十四節〉所以主說：「你這睡著的人當醒過來，從死裡復活！基督就要光照你了。」

我要借用這句經文，勉勵大家從死裡復活，就能獲得基督的光照。你就是因為沒有死裡復活，所以就算已經信主了，活得還像是個沉睡而沒能醒過來的人，渾渾噩噩。所以我要呼籲基督徒：你何時才會醒悟過來？何時才會被基督的光照？何時才能明白——為了不讓你的身體漸漸朽壞，你必得相信逆轉的真理，即刻走上逆轉之道！

當我看見這樣的基督徒和教會，我常常感嘆他們真是了然！不是「了然於心」的了然啦，不要自我感覺這麼良好，不要腦子進水到這種沒救的程度。我所說的了然，是台語發音，就是在講他們做人枉然啦！

如果基督沒有復活，我們所傳的道便是枉然，你們所信的，也是枉然。逆轉真理所傳的道，無非就是「死而復活」的事情，卻被認為是異端？這多麼枉然！教會帶頭做那些不三不四的禁食禱告，並沒有使信徒的病痛減輕，有的反而還更加重。反觀像我們這樣操練身體，卻反被他們認為是屬世不屬靈？果不其然，這樣的教會，這樣的信徒，每個人心志軟弱，身體像紙糊似的，好比一戳就破的紙老虎；還在那裡覺得自己好棒棒，幫自己拍拍手，自以為是洛基？其實根本就是弱雞和拉基。

〈加拉太書第三章第一節〉無知的加拉太人哪，耶穌基督釘十字架，已經活畫在你們眼前，誰又迷惑了你們呢？

你們必須相信復活，相信逆轉，受苦不會是徒然的，你的信心也絕不枉然。若你所信的，只是留在頭腦裡面的印象，認為耶穌基督的復活，跟你的復活沒有關係，那也是枉然。雖然對於很多基督徒來說，還不至於不相信耶穌基督復活，但是耶穌基督復活對你來說，好像只是一個概念，那麼復活的大能，也不能夠從耶穌基督傳到你的身上，你的信也是枉然。

7.14

受難復活的逆轉真理

確信復活，堅守真理，甘願受教，治死肉體。

〈馬可福音第九章第十節〉門徒將這話存記在心，彼此議論從死裡復活是什麼意思。

我們也看到許多人質疑死裡復活；說真的，有信就有不信，所以這些人的質疑也是必然會發生的。耶穌為什麼要講好幾次？因為門徒聽不懂，不明白主所說的復活是什麼狀況？每一個人聽後都有不同的解讀，所以彼此議論到底是什麼意思。看看我們現在的情況，當你告訴別人，疾病能夠好轉，很容易被理解；但當你提到「死而復活」的時候，他不免開始議論質疑。

還有一些人，聽到你說必須受苦受磨難時，尚能理解接受；但當你提到死裡復活，這就超出了他們的理解範圍；對他們來說，受一點苦和一點磨練，還可以接受，不過一旦到了「死」的程度，馬上就不願意再走下去了，怕得跟什麼似的。同樣的，「吃藥治病」，對很多人來說，都是天經地義的事情，但叫他們禁食跑馬，簡直是強人所難！因為對他們而言，要把自己逼到死，然後再從死裡復活的逆轉做法，大大超越了他們自認能承受的範圍。

加上這個社會從古至今，總教導大家凡事要適可而止，要走中庸之道……於是乎，這更被魯蛇當成了藉口。〈馬可福音第十二章十八節〉就證明了魯蛇的思維：「撒都該人常說沒有復活的事。」但是，《聖經》從來沒教我們中庸之道，反而是教導我們甘願治死自己的肉體啊！

在耶穌的時代，法利賽人和撒都該人，都是猶太人裡知識水準最高的菁英分子，他們都要教導律法。但法利賽人相信死裡復活，撒都該人卻不相信。因此遇到死裡復活時，自然分出派別。所以我才告訴大家，別以為所有的基督徒都相信死裡復活，真的未必。

我發現，當你在教會裡問：「耶穌基督死而復活，你相信嗎？」大家都會回答：「相信。」但若你接著問：「你相信你也可以死裡復活嗎？」往往只會聽見否定的回答。

《聖經》提及耶穌的死裡復活，是最驚天動地的事蹟；但其實《聖經》裡也曾描述其他人的死裡復活，有的人是生了病，被醫治而復活；有的像拉撒路，已經埋進墓穴裡，但耶穌還能讓他從墓穴裡走出來；還有意外摔死，經禱告而復活的人……各式各樣死裡復活的例證擺在眼前，然而現世的基督徒，卻未必相信。

這樣的真理真有那麼難讓人相信嗎？基督徒相信死裡復活，卻放任自己的肉體漸漸朽壞，任由三餐澱粉吃到飽，生了病痛卻只靠神醫禱告聚會，之後繼續照三餐吃藥，這正是我觀察到的現況。各個教會熱衷於舉辦這種的神醫禱告，在每個禮拜四的禱告會中，總是會有醫病禱告的環節。

這類聚會的前半部我會參與，但通常到醫病禱告即將開始前，我就會離開。因為這樣的行為和我的逆轉之道有所衝突，那就讓牧師去醫病吧，哈利路亞！反正他們相信只要牧師的手摸一摸，腫瘤就會消失，身體就會康復。大家都知道我是個「白目」的人，每次看到這樣的事情，我總會奇樣子不爽，所以為了不跟教會的牧者起衝突，我還是識相離開。

〈哥林多前書第十五章十二節〉既傳基督是從死裡復活了，怎麼在你們中間有人說沒有死人復活的事呢？

〈哥林多前書〉的第十五章是整本《聖經》中，提到復活最多次的一章，我算過了，一共寫了二十四次復活。這段經文也呈現了現今教會裡面的亂象，我對這樣的事情已經見怪不怪，畢竟對於那些不信耶穌的人來說，什麼怪力亂神的事情都有人信，唯獨復活沒有。不止這段經文提到基督從死裡復活，後面的經文更提及相信的人，也死裡復活了。

說真的，禁食三天，跑馬重訓，我們一再做給大家看，但他們都無法接受。他們只能接受聚餐愛筵吃飽吃滿，然後大家彼此關懷，讚美主……但這些對我來說，真的是荒腔走板，太誇張了，就好比已從死裡復活，卻又有人說沒有死人復活一樣荒謬，並且令我憤怒。

〈哥林多前書第十五章十六到十七節〉因為死人若不復活，基督也就沒有復活了。基督若沒有復活，你們的信便是徒然，你們仍在罪裡。

經文已經寫得很清楚了，我們看這個順序，如果沒有死人復活，就不會有基督復活。因此死人復活是真實存在的，不要以為死就是肉體的消亡，不是停止呼吸，停止心跳，才叫做死亡……死的表現方式太多樣了。而死人若不復活，如同沒有逆轉，那麼罪仍舊沒有獲得赦免。

什麼是罪？就是所有的綑綁，這個不行、那個不行。我們常常看到沒有逆轉，或者來尋求逆轉的人，他們都深深的感到被綑綁，什麼都覺得不可以，這個不能做，那個不能做，這個不能吃，那個不能吃，不能跑太快，不能跑太遠……各種不行。這些「不可以」讓人活在罪裡，深深綑綁。如果不逆轉，再怎麼「活」都是徒然，你活得事倍功半，做了很多，但卻什麼都沒得到，所以你活得徒勞無功。

7.5

受難復活的逆轉真理

相信逆轉，起而行之，復活碩果，緊接在後。

〈哥林多前書第十五章二十節〉但基督已經從死裡復活，成為睡了之人初熟的果子。

這句經文給了我們極大的盼望！死裡復活是初熟的果子，在那之後我們還會有成熟的、美好的果子，並且按時間結實纍纍。因此逆轉是刻不容緩的任務，脫離罪，也是我們身負逆轉使命的人當務之急的工作，我們要全力幫助別人脫離罪的挾制和綑綁，如同我們自己脫離一樣。

〈哥林多前書第十五章二十一至二十三節〉死既是因一人而來，死人復活也是因一人而來。在亞當裡，眾人都死了；照樣，在基督裡，眾人也都要復活。但各人是按著自己的次序復活：初熟的果子是基督；以後，在

他來的時候，是那些屬基督的。

復活從耶穌基督一人而來之後，接下來，在基督裡的眾人，也都要復活。很多人解讀這段經文時，都以為講的是末世之後：耶穌再來之後，我們死了，埋葬了後，才會復活——但我認為這是錯誤的解讀。不用望眼欲穿，因為我們藉由逆轉之道，現在就可以活出一個復活的生命，要不然我們慶祝復活節是什麼意思呢？如果耶穌的復活與救恩，不能讓我們現在就從死裡復活，那我們等得也太辛苦了！

我有時會聽到人家說：「人生在世活這麼久要幹什麼？」因為他想趕快去復活。但我就覺得活著很好啊，因為我就是活著的，一個復活的生命。在基督裡，眾人都要復活。在這裡的英文詞彙 made alive 很重要，跟一般講死裡復活不太一樣。made 是 make 的過去式，表示製造完成，這不是逆轉？什麼是逆轉？

所以復活是可以被製造出來的！當我讀到這段經文，看到 made alive 時非常興奮！原來我可以一直「製造」復活，不斷逆轉，一再復活。你如果不信逆轉的話，就是死路一條。因為明明就有一條路，可以把逆轉製造出來，你只要去做，就可以逆轉。反之，不用我咒詛，你就會自取滅亡，你自己會敗亡朽壞。

當你知道逆轉之道時，就應當起而行之，那麼豐碩的果實，便緊接在後。因為耶穌基督的復活，是初熟的果子，只要在基督裡的眾人，也都要依序復活。這是多麼好的恩典呀！只要我們屬基督，都可以得到基督的復活，只要你願意相信，只要你願意去做逆轉。

7.6

受難復活的逆轉真理

斬斷無知，停止議論，從容赴死，贏得冠冕。

〈哥林多前書第十五章三十五至三十六節〉或有人問：「死人怎樣復活，帶著什麼身體來呢？」無知的人哪，你所種的，若不死就不能生。

復活往往受阻於無知，逆轉常常被困於愚昧。一直問一直問的人，永遠不能逆轉，這就是我稱之為鬼打牆的思維，永遠離不開死。你若真想離開死，想從死裡復活，你就不能一直問，一直鬼打牆。講真的，那些什麼都不問，馬上執行的人，結果往往出乎意料，我身邊有很多神奇的案例就是這樣發生。

信心總能夠勝過質疑，這是金科玉律。撒旦的謊言就是要騙人，讓人怠惰，只尋求安逸舒服，不要受苦，要養生，要好好過生活，要善待自己……如同我所聽到什麼多休息、多喝水，這種都是蠢人才會說的話。但很可悲的是，走在街上總會聽到有許多無知的蠢人在到處說著這些鬼話。因此，保羅才會狠狠回嗆這些無知的人，信不了復活，還一直鬼打牆的問：「是怎樣復活？帶什麼身體來？」

我的老天鵝！那些人會問這麼些五四三的鬼話，不是真想知道答案，只是不相信而已。所以如果我們種下所謂「養生」的種子，就會生出病來，生病的人自認為吃得很養生，可是往往錯愕，都這麼養生了，為什麼還會生病？其實，他應該種下「死」的種子，接著等待發芽，然後才會生出盼望。

所以我要斬斷無知的鬼打牆發問，叫你去死，你就從容赴死，這就是我的真理的道。你如果聽不進去，那我說得再多也沒有用，我也懶得花費心力在魯蛇身上。或是你已經在做逆轉，但你什麼宗教都接受，什麼神都拜，這樣也沒用。因為只有基督的信仰會告訴你去死，死就對了，死了你才能復活，你才能夠得勝。

7.7

受難復活的逆轉真理

血氣方剛，無濟於事，靈命復活，榮耀身體。

〈哥林多前書第十五章四十二至四十四節〉死人復活也是這樣：所種的是必朽壞的，復活的是不朽壞的；所種的是羞辱的，復活的是榮耀的；所種的是軟弱的，復活的是強壯的；所種的是血氣的身體，復活的是靈性的身體。若有血氣的身體，也必有靈性的身體。

種瓜得瓜，要怎麼收穫就怎麼栽，小學生都懂的道理還要我教你？我們如果離棄血氣，來成就靈性的身體，必能獲得真正的榮耀。你可以觀察到身邊的魯蛇，他們就只想要小確幸，覺得跑得全身是汗，拍照是羞辱。但是我們逆轉的大能勇士，都以跑馬的全身臭汗和全身痠痛為榮，越臭汗淋漓越狼狽，其實我們就越榮耀越驕傲。

鬼打牆的魯蛇們，只會覺得年紀大了，軟弱了，該享福了，所以要多休息。但是逆轉的贏家從來不受年齡限制，跑馬重訓，反而越發健壯強大。那些少數的贏家不受年齡限制，我們每次看到大能的逆轉勇士，總是都敬佩不已。

但聽聽鬼打牆的會蛇怎麼說？年紀大了，身體一定有毛病，關節一定會退化受不了，不能跑啦。時間到了就要換關節，再不然就坐輪椅吧；輪椅坐不了，只好臥床，全身插滿管子……還安慰自己這是大自然的老化規律。

不信耶穌或拜鬼神的人，只懂得靠血氣，靠身體的蠻力。我們發現，那些人吃點巧克力或糖，要拚全馬也還是可以啦，反正就硬槓。但是逆轉的聖徒不一樣，靠著聖靈輕鬆愜意，事半功倍，維持零卡六十個小時，還能跑超過六十公里。因此我們得知血氣方剛，無濟於事；只有靈性復活，我們才能得到榮耀的身體。

《聖經》絕對沒有忽略身體，提到復活一定有身體，講得絕對不是幽靈般空泛的復活。耶穌基督復活，很清楚的讓人看到祂榮耀的身體，看得見也摸得到祂手腳的釘痕，不是打迷糊仗、模糊的交代，沒有模稜兩可的敷衍了事。當我們學習主耶穌過著復活的生活時，我們對於自己的身體也應該要有同樣清楚的交代。

7.8

受難復活的逆轉真理

悖逆剛愎，拒絕改變，逆轉復活，擁抱蛻變。

〈哥林多前書第十五章五十一至五十二節〉我如今把一件奧秘的事告訴你們：我們不是都要睡覺，乃是都要改變，就在一霎時，眨眼之間，號筒末次吹響的時候；因號筒要響，死人要復活，成為不朽壞的，我們也要改變。

這段經文的重點就是「改變」，人是唯一會追求改變的動物，如果不改變，那和牲畜沒有差別。我們必須要逆轉不願改變的惡心，不能抗拒改變。不是一味的求休息，而是堅持不斷追求逆轉，逆轉就是改變，改變你的生活型態、改變飲食習慣、改變運動習慣、改變魯蛇思維，以及改變各式各樣的意識形態。

「改變」在拉丁文的說法是毛毛蟲變蝴蝶，但我覺得這一種應該叫做蛻變。改變通常是指，改變前和改變後，只有些許差異；但蛻變不只，我們可以看見，蛻變前和蛻變後，完全不一樣，可說是脫胎換骨。

所以逆轉，必須要蛻變，而且不再走回頭路，沒有辦法從蝴蝶變回毛毛蟲。養生的論調來自魔鬼，因為牠誤導你走向廢棄敗亡，而且牠不叫你改變，要你維持現狀就好，還會潑你冷水，對你說努力是沒有用的，放棄吧，認命吧。逆轉的真理則強調蛻變，倡導禁食重訓馬拉松。

剛開始逆轉時，我教人家濫跑333，但現在我已改變，我們要跑馬拉松！標準要越來越高，堅決拒絕魔鬼的謊言，牠叫人過舒服的生活，但安逸只會加速你的敗壞。逆轉雖然讓你不舒服，卻能使你轉身蛻變成美麗的蝴蝶。逆轉的規劃就從禁食和慢跑開始，藉著不斷蛻變，來成就不朽。

過去這兩個禮拜我因為感冒，身體承受極大的考驗；但是，我要藉著不斷的蛻變，堅持我就是要成就不朽。因為逆轉的思維，是要擁抱蛻變，渴望蛻變，不管多大的困難，都勇往直前，死裡復活。所以死裡復活並不是侷限在身體，不是斷氣多時又再度有了呼吸。

如果你認為死就只是肉身狀態的改變，那麼其實你也沒有多大的盼望，因為你的肉身還是會有死亡的一天。如果你認為死裡復活只帶給人們一瞬間的興奮，那麼也就只是個節日罷了，你並沒有獲得死裡復活的真理。

我們要先死後生，停止議論，不要再鬼打牆的問一些沒有意義的問題，一直問一直不做。你要浪子回頭，和我們的天父恢復關係。你要醒悟過來，相信逆轉，重新體認復活，而非只是把這當作一個口號，你要真正活出復活的見證，榮耀的生命。

你要結出逆轉的果子，因為耶穌已經是初熟的果子；這意思是說，以後將有更多果子會按時結果；如果你是一個沒有結果的生命，你就得要檢討，因為只要做對了，不需要很用力，果子就是會自然產生。

對於「死」，你要從容就義，不要覺得可怕，你要勇敢去面對接受，因為死後必然會有復活，你又何必糾結？因為我們最終將贏得復活生命的冠冕，往前是極大的榮耀。

我所講的道，很硬很扎實，不好吞進去，一定要細嚼慢嚥，反覆思考。這些扎實的真理，都有學理學術作為基礎。我們也要勉勵自己說到做到，明白逆轉的過程中，會有諸多的不舒服和苦楚，一旦到了復活的時刻，主耶穌復活的大能，就會像陣微風吹拂，到了那時，我們的一身枯骨就能復甦，又可以從容喜樂的走下去。

呼籲——逆轉追隨者

先死後生，停止議論，
浪子回頭，醒悟相信。

呼召——逆轉勇士們

確信復活，結出果子，
就義赴死，贏得冠冕。

第8講

悖逆轉聖得逆轉

施洗約翰的逆轉事工

8.1

悖逆轉聖的逆轉真理

立下心志，最高標準，嚴格操練，克服艱難。

〈路加福音第一章第五到六節〉當猶太王希律的時候，亞比雅班裡有一個祭司，名叫撒迦利亞；他妻子是亞倫的後人，名叫以利沙伯。他們二人在神面前都是義人，遵行主的一切誡命禮儀，沒有可指摘的。

當我在靈修時，看到施洗約翰在主耶穌出來傳道前，就在曠野裡服事神，為主的道鋪路。而四福音書的起頭，都有施洗約翰的記載，身為福音的橋梁，他是非常重要的先知。在新約和耶穌基督的福音開始之前，從舊約的〈瑪拉基書〉到〈馬太福音〉一共經歷了四百年。這期間，以色列百姓沒有上帝的話語和指示，所以施洗約翰的傳道是一個劃時代的事奉，這位福音的先鋒，具有鮮明的特質和個性，我們先從〈路加福音〉來了解他的逆轉真理。

首先我們在這段經文中，看見約翰的父親撒迦利亞，母親以利沙伯，這對年邁無子的夫妻，是如何忠心事奉神，做無可指摘，行主所有誡命和禮儀的義人；因著他們誠心禱告，上帝賞賜約翰做為他們的兒子。看看撒迦利亞，就明白我們身為逆轉的門徒，必須遵循的標準：無可指摘，遵行一切誡命禮儀。因為身為祭司，需要帶領百姓敬拜上帝，當我們敬拜時要注意程序和禮儀，包括我們該怎麼穿？我們該怎麼說？種種言行舉止，皆須符合禮儀。

撒迦利亞在這方面做到沒有任何指責，無可挑剔的程度。如同我們逆轉也是，該怎麼禁食，該跑多少，該怎麼重訓，以及要做到什麼樣的程度……都有一定的標準規矩，不可以因循苟且，差不多就好，不能在零卡裡面加入任何一點熱量。

接下來的經文描述以利沙伯因年邁而不孕，所以要有孩子十分困難。但這也告訴逆轉的門徒，既然走在逆轉的道路上，就會遇到非常多的難題，有些難題表面上看起來是無法克服的，例如年紀老邁就是沒有辦法生育；但是逆轉告訴我們，有死裡復活的機會。只要我們和撒迦利亞一樣，不因難題而退縮，堅持事奉做個義人，就會獲得神的獎賞與恩典。

上帝差遣天使對撒迦利亞傳達，將要生一個兒子的好信息。這個兒子在主面前，將要為大，淡酒濃酒都不喝，而且在母腹裡面，聖靈就會充滿他。這是一個很大的應許，大到撒迦利亞都不敢相信。這裡提到淡酒濃酒都不喝，是舊約中拿細耳人的條例，例如〈士師紀〉的參孫和撒母耳，他們都是拿細耳人的代表人物。

拿細耳人是被神分別出來的人，除了不喝酒，還有不能看到死人的屍體，頭髮不能剃的條例……他們被以特別的條件分別出來，做特別的事奉。因此我們可以推測新約中的撒迦利亞，應該也是拿細耳人的後代。我們得知施洗約翰在母腹中，即被神所揀選。也從這裡學習到，身為逆轉的門徒，應該立下的心志，我們要過和別人不一樣的生活，要做一般人不做或做不到的事情。

這個世代尤其需要逆轉的勇士，因為現世常常教導我們要與人一樣。好比學校的教導，把所有的學生都教成一個樣子，否則不好管理。然而當我們觀察參加奧運的選手就會發現，不管是訓練還是成長背景，以及他們的心智，和別人完全不同。我很喜歡透過這些奧運選手勵志感人的經歷故事，看到那些背後不為人知的辛酸。就如同你若選擇成為逆轉的勇士，必須要立下與眾不同的志願。

天使告訴撒迦利亞，約翰這個孩子將會使多人回轉歸於神，他具備以利亞的能力，擁有讓悖逆的人轉從義人的智慧。這裡的經文清清楚楚的解釋出來，悖「逆」是會「轉」的，這就是上帝呼召施洗約翰所做的工作。為何我在這將約翰比喻為以利亞？因為在舊約之中，以利亞是具有「烈火」能力的先知。為了要逆轉人心，必須要有烈火般的大能，否則剛硬悖逆的人心無法回轉，畢竟他們所面對的人心常常是充滿汙穢、黑暗和扭曲的。

在擁有逆轉的能力之前，我們必須要有以利亞的心志，這都是逆轉門徒必須鍛練出來的鬥志，逆轉的勇士不能是軟趴趴的，不能是客客氣氣很有禮貌，不能是講求人情味的。任何偉大志業，都從立下遠大志向開始，然後訂下最高的標準，在執行層面嚴格操練，克服所有艱難，每時每刻警醒操練。

我們知道勢必會碰到許多的責難、非議、指指點點，甚至抹黑汙衊，這些都是可以預料得到的困境，無須順從退縮，絕不能因此動搖。

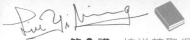

8.2

悖逆轉聖的逆轉真理

迎接佳音，謹防不信，捨棄己念，待主應驗。

〈路加福音第一章十八到二十節〉撒迦利亞對天使說：「我憑著什麼可知道這事呢？我已經老了，我的妻子也年紀老邁了。」天使回答說：「我是站在神面前的加百列，奉差而來對你說話，將這好信息報給你。到了時候，這話必然應驗；只因你不信，你必啞巴，不能說話，直到這事成就的日子。」

撒迦利亞在言行上的確是無可指摘，但天使長加百列奉神差遣報了好信息，卻超過他信心能接受的範圍，他顯得信心不足，還要加百列求顯示憑據。天使都已經親自來到他面前，這難道還不夠嗎？仍舊鬼打牆，說他們夫妻如此老邁，沒辦法再生育。難道這是他們第一次鬼打牆嗎？絕不是的，他們是因為信心不足，所以只想著自己老了，不可能啦，沒辦法。

我們逆轉的勇士們要有所警覺，一旦進入鬼打牆模式，就要馬上停止，這種質疑只會讓你失去信心，越來越軟弱。你看，撒迦利亞都已經言行無可指摘了，卻還會鬼打牆，天使傳信息還不信，只好讓他啞巴，直到約翰出生為止。這其實是一個祝福，讓他啞巴就不能再鬼打牆下去了。這是上帝的恩典，要他閉嘴，乖乖看著應驗。

因此逆轉的勇士們要有自覺，不要鬼打牆。我也常常遇到這種情況，非常不耐煩，會叫你閉嘴，使我顯得脾氣很糟。然而天使不也做了同樣的事，讓撒迦利亞啞巴，讓在他妻子懷孕的過程中，繼續默默地服事？有些人覺得上帝對撒迦利亞太嚴厲了，有必要這麼嚴苛嗎？但我們要理解上帝的用意，對於特別被揀選的僕人，祂有特別的要求，所以才對撒迦利亞毫不手軟。

身為逆轉的勇士也要有所覺悟，當你是特別被呼召，做特別服事的時候，上帝也對你有特別的要求，有特別高的標準，甚至會讓你覺得：「為什麼不能對我放鬆一點？」

當然啦，對於那些沒有特別呼召的人們，上帝總是非常放鬆，反正他們不行，隨便他們繼續吃三餐，繼續養生，繼續每天只走一萬步吧，反正神對他們沒有什麼要求，因為也沒有什麼特別的使命交付。

後來以利沙伯果真懷了孕，挺著肚子隱藏了五個月。在經文中，沒有特別交代為什麼隱藏了五個月，但我們可以做一些合理的推理去揣測可能性；我的揣測以醫學的角度出發，懷孕到了五個月，肚子才會明顯。也因為他們怕被人家嘲笑；連撒迦利亞自己都懷疑了，更別說是旁人，更不相信他們會得子。

懷孕五個月前看不出來，就先隱藏。但在五個月之後，撒迦利亞就可以公開炫耀，這是主對他的眷顧，能將他在人間的羞恥除去。因此，當以利沙伯挺著肚子出門時，就是他們光彩且沒有羞恥的時候。所以逆轉的勇士們要有預備，主要高舉我們，我們該在這段時間繼續上緊發條，不要讓我們的主丟臉，該跑要好好跑，該餓要好好餓，該重訓就重訓，迎接佳音。神差遣天使說的話一定會應驗，不管現況如何，我們都要抱著一定會應驗的信心靜靜等候；才能支持我們繼續高標準的執行下去，不會因任何事而退縮。

我們為什麼禱告？為什麼祈求？為什麼等候我們的主？我們當然是在等候佳音，每天期待上帝給的驚喜或禮物。我們要謹防不信，不要以為自己的信心很大，不會動搖；但凡遇到任何風吹草動，一點點環境的不順，都可能使我們的信心動搖。很多人覺得撒迦利亞這樣的義人，信心應該會很堅定；但從經文中，我們知道並不見得。捨棄己念，不要鬼打牆，面對這種己念要很小心，它足以動搖你。

8.3

悖逆轉聖的逆轉真理

主恩同在，聖靈充滿，逆轉鍛鍊，成就天堂。

〈路加福音第一章七十六到七十九節〉孩子啊！你要稱為至高者的先知；因為你要行在主的前面，預備他的道路，叫他的百姓因罪得赦，就知道救恩。因我們神憐憫的心腸，叫清晨的日光從高天臨到我們，要照亮坐在黑暗中死蔭裡的人，把我們的腳引到平安的路上。

因為主與約翰同在，所以這個孩子將來會怎麼樣，上帝已經先告訴我們了。我們也可以看見從母腹中，施洗約翰就已經開始過著逆轉的生活，為了要成為眾人的祝福，以從母腹裡就可以過著逆轉的、有紀律的生活。從父母的紀律開始，傳到母腹，讓這個孩子從胚胎就在逆轉。我常常遇到人家問，小朋友還沒有發育，為什麼要逆轉？他沒有病，為什麼要逆轉？

拜託！逆轉本來就不是只有逆轉疾病，逆轉更要從小開始，由心智奠基。心智的逆轉要從母腹開始，身為母親就要開始，所以我會給媽媽營養處方，教導媽媽逆轉之道。在東方人的社會中，總是認為孕婦就要躺在床上，然後餵豬一樣拚命吃才能養胎，才會生出白白胖胖的嬰兒。嬰兒胖到生不出來，還要剖腹，這樣的概念根本就是錯的！其實西方很多孕婦照樣濫跑運動，基本上到生產前都可以運動。結果還有一堆人在說孕婦不可劇烈運動，走路也要慢慢走，免得胎掉下來。真是無知！

逆轉可以在任何時候進行，在母腹中就開始，長大以後完全不一樣。不要跟我鬼扯什麼嬰兒還沒發育，所以不用逆轉，難道肚子裡的胚胎，或沒有發育的嬰兒，就不是人嗎？我覺得這是很愚蠢的思維，在母腹的時候，上帝就可以給予逆轉的靈，這在施洗約翰的身上一目了然。如果沒有主與他同在，再聰明的小孩也是無三小路用。

約翰會有以利亞的心志，在主的前面，叫悖逆的人轉從義人的智慧，又為主預備合用的道路，重點在於主與他同在；所以我們要給小孩子的「財寶」就是這個。就像我對兩個女兒沒有什麼要求，不需要她們多優秀，不需要讀名校，或是成績優異，我只在意她們是否與主同在，這件事情最重要！

有主同在，孩子就不會太笨，至於成績是否優異，我就隨性些。從小我只相信「信仰」不相信「教育」，因為有主同在才能奠定人生的道路。

施洗約翰名字的意思是「蒙上帝恩典」，他要讓神的百姓因罪得赦，獲得救恩。所以上帝預備他的生長環境是在曠野中，很特別吧！拿細耳人的生活過得像清教徒，與塵世隔絕。因為他在曠野成長，必定受過禁食、跑步重訓的逆轉操練。所以施洗約翰的身材一定是逆轉的身材，不可能是一個體脂肪很高的胖子。

從他自小直到顯明在以色列人民面前，曠野裡沒多少食物可以食用，從他吃蝗蟲和野蜜，就能看出他不可能過著如同王室般養尊處優的生活。住在曠野的日子培養他日漸成長，心靈強健。然而目前的我們生活在都會裡，其實都過著超出所羅門皇宮生活的享受；這樣的情況下絕對培養不出什麼好身材，只培養出慢性疾病。

後來施洗約翰服事時，還曾被拿來和耶穌比較，耶穌因為和門徒吃喝，還會被人指責沒有禁食；而施洗約翰不吃不喝，像是瘋子，跟我們在禁食的時候一樣，人家都以為我們瘋了。可見當主恩與我們同在，聖靈充滿時，是多麼有影響力！從母腹裡就讓小孩得到聖靈，以及在曠野中不斷進行逆轉的鍛鍊，皆使得曠野亦是天堂。約翰從母腹開始，一直到成長，都是上帝一手安排，讓他完全分別，完全過著與眾不同的生活。

當你接受耶穌做你的救主，走上逆轉之道時，這個世界就容不下你了。你是要成為這世界「不配有」的人，還是你要連生在這個世間都不配？你可以選擇過像約翰那樣辛苦的生活，成為這世界「不配有」的人，而不要成為這個世界多你一個也無所謂的人。如果這個世界多了你和少了你都沒有差，那你就是廢物。

8.4

悖逆轉聖的逆轉真理

逆轉之路，彎曲難行，自身受益，拯救他人。

〈路加福音第三章四到六節〉正如先知以賽亞書上所記的話，說：「在曠野有人聲喊著說：『預備主的道，修直他的路。一切山窪都要填滿，大小山岡都要削平；彎彎曲曲的地方要改為正直，高高低低的道路要改為平坦。凡有血氣的，都要見神的救恩。』」

約翰比耶穌早半年出來事奉，他在曠野發聲疾呼，宣講悔改的洗禮，使罪得赦，他的工作十分不易。逆轉是一條艱難的路，需要做足準備，基本上約翰的事工是在做主耶穌傳道的前置作業。要整理人的心田至能夠耕種是非常繁瑣、吃力不討好的，畢竟當時的世道已經百年沒有神的話語指示。

怎麼樣讓人心預備好，接受主的道？逆轉是一條正義之路，路見不平就要挺身而出，所以做逆轉的工作，需要膽量和勇氣。上帝把約翰放在曠野是有美意的，如同把我們放在人群裡面，我們就要顧及很多的人情和說話的技巧，要學習做事圓滑，八面玲瓏，追求零負評……整天在意酸民的留言和攻擊。

逆轉是一條崎嶇的道路，我們要勞心費力，將彎曲改直，高地改為平坦，是極大的工程。所以我們逆轉的人真的是不能怕麻煩，不能怕辛苦，不能怕勞心費力；我在逆轉之前，也是一個非常不喜歡走，不喜歡跑的人。可是當你走上逆轉之路，就不能推辭。

我不喜歡聽到人家說搭車代步，代步是好事嗎？不！跑步才是好事。有時我到運動場還看到有人騎電動車繞場「運動」，我都覺得他們有事嗎？騎電動車會騎到流汗嗎？騎電動車會騎到心跳一百三十下？這些人是來亂的吧！

逆轉之路蜿蜒崎嶇難行，絕對無庸置疑，但是我們自身受益後，要拯救別人。當你自身受益逆轉後，就有極大的權柄跟能力，你應該拯救別人，不是只有幫助。因為逆轉，竟有人把我當作他的救命恩人，這是我逆轉的最大收穫；這點就算在我以前當外科醫師時都不曾經歷，我們開刀開這麼多，但沒有病人會道謝說：「是你讓我從死裡復活。」「你是我救命恩人。」雖然我們救了很多人不死，但後來他們還是死於慢性病了嘛。

然而現在我做逆轉，遇到的人幾乎都說：「沒有鋼鐵醫師，我根本活不下來。」「鋼鐵醫師是我的救命恩人！」光只有一個人這麼說，我就有臉去見上帝，更何況這麼多人。感謝神，我沒有讓神失望，並且還能領取盛大的獎賞和冠冕。奧運的金牌對我來說不算啥，跟我做逆轉將來要領取的獎賞比起來，根本微不足道。所以我們要勉勵除了自己受益外，還要拯救他人。

8.5

悖逆轉聖的逆轉真理

逆轉之道，霸氣權柄，剛愎抵擋，自取羞辱。

〈路加福音第三章第七至九節〉約翰對那出來要受他洗的眾人說：「毒蛇的種類！誰指示你們逃避將來的忿怒呢？你們要結出果子來，與悔改的心相稱。不要自己心裡說：『有亞伯拉罕為我們的祖宗。』我告訴你們，神能從這些石頭中，給亞伯拉罕興起子孫來。現在斧子已經放在樹根上，凡不結好果子的樹就砍下來，丟在火裡。」

施洗約翰講話也不好聽，馬上就講出「毒蛇的種類」這樣的話來。我們知道耶穌也是這樣子指責法利賽人，約翰為主預備道路，先罵「毒蛇的種類」，從他的講話方式，我們彷彿看見了以利亞，這就叫做烈火，並將審判的信息傳開。

所以基督徒不要搞錯，不要以為傳好信息、傳福音就是講好話。逆轉之道就是直球對決，上帝是忌邪的神，目前我在台灣的教會沒看到任何教會敢做這樣的事情，就算責備也只是點到為止，非常輕微，用撫摸的方式，絕對不敢講得很用力。

上帝是絕對的真理。但那些外邦人不信神，又怎麼會認為你講的是真理？然而我們相信的神有絕對的標準，絕對的道德和絕對的真理。很多基督徒聽到我們的言論，都認為我是沒事攻擊挑釁，指正別人，啊你自己有比較好嗎？好像我們是到處去找人家辯論，惹事生非，常常會有這樣的責難；但真要傳逆轉之道，就是無法迂迴。

上帝預備的逆轉使者，就是像施洗約翰這樣的個性，絕對直球對決，不拐彎抹角。感謝上帝給我這樣的性格，不甩別人，不在意別人覺得我怎麼樣。上帝有要求人情味膩？客客氣氣膩？你們這些虛偽道貌岸然的人，外表客客氣氣，誰也不敢得罪，根本就是魯蛇！你不敢講，是因為你也不懂真理，你心中沒有真理，也沒有標準，你沒有做到，沒有榜樣，沒有見證，所以你什麼都不敢講，只好客客氣氣，與人為善，有人情味，不然誰要接納你，跟你做朋友？

傳逆轉之道無法保留，也無法八面玲瓏的討好任何人，上帝有要求你顧慮聽者的感受膩？為此我感謝上帝，現今這個網路教會的時代非常棒，非常適合本長老，不管你喜不喜歡我都不在意，我把訊息傳揚出去，就可以跟神交代了。你接不接受，信不信，上帝會動工，我不需要太擔憂。

逆轉之道是霸氣的，很有權柄；對於這些剛愎自用、抵擋真理的人，就讓他自取羞辱。我每天都享受上帝給我這樣的口氣，行這樣的權柄。我會謹慎自守，也會好好把握這樣的權柄和能力。

8.6

悖逆轉聖的逆轉真理

是誰傳道，並不重要，上帝預備，定意高舉。

〈約翰福音第一章十九至二十二節〉約翰所作的見證記在下面：猶太人從耶路撒冷差祭司和利未人到約翰那裡，問他說：「你是誰？」他就明說，並不隱瞞，明說：「我不是基督。」他們又問他說：「這樣，你是誰呢？是以利亞嗎？」他說：「我不是。」「是那先知嗎？」他回答說：「不是。」於是他們說：「你到底是誰，叫我們好回覆差我們來的人。你自己說，你是誰？」

其實當時的人完全搞不清楚約翰到底是誰，所以一直問。還提出選項：是基督嗎？是以利亞嗎？因為他個性很像以利亞，天使也說他有以利亞的心志。為什麼會問是不是以利亞？這是因為在〈列王記〉中，以利亞是被火車火馬接上天的，所以人們認為他沒有死，還會再回來。在這裡我們可以看到雖然他不是以利亞，卻也在做烈火的見證。他的個性脾氣、生活型態跟以利亞一模一樣；以利亞也是生活在曠野，也是吃蝗蟲野蜜。他們的共同點都是很能禁食，很能鍛鍊，所以身手和體魄一定也非常好，他們都是烈火的見證。

約翰不是基督，但他卻用水施洗。這一點很妙，他既是烈火的見證，又用水施洗。他說：「只有基督才是用聖靈為你們施洗，我只用水。」你看約翰有多謙卑。身為烈火的使者，為主預備，先用水施洗。

耶穌對約翰的評語在〈馬太福音第十一章第九節〉：「**我告訴你們，是的，他比先知大多了。**」可見主多麼肯定約翰。他也是一個不吃不喝的逆轉使者。你如果要成為逆轉的大能勇士，就要擁有烈火般的心智，上帝絕對沒有要求我們做一個好好先生。儘管烈火常常都會被誤解為火爆的脾氣，但你嘛幫幫忙，仔細讀《聖經》好嗎？《聖經》哪裡要求我們口氣好？

逆轉的傳道者是誰，並不重要，但是上帝卻會定意高舉這樣的人。我是誰並不重要，我只要做好我的工作，有沒有被紀念，也無所謂，不用越過我的本位。可是我們看到那些逆轉不成功的人，或完全不屑逆轉的人，都是本位主義者；覺得自己很重要，很偉大，自認必須要被善待、被看重、被呵護。

逆轉的傳道者只需安守在自己的本位，從不越位，為主做美好的見證。如同約翰為主預備，然後隱藏自己，讓自己微小，讓主興旺，而上帝一定不會虧待我們。

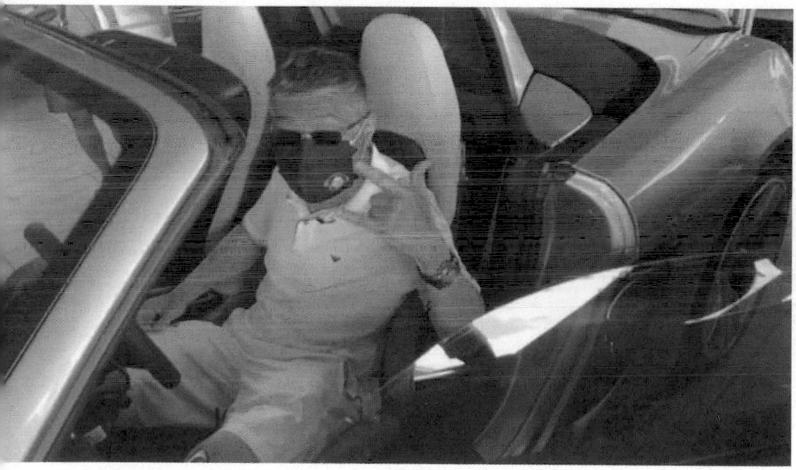

8.7

忠心見證，必被重用，篤信基督，逆轉改革。

悖逆轉聖的逆轉真理

〈約翰福音第一章三十二至三十四節〉約翰又作見證說：「我曾看見聖靈，彷佛鴿子從天降下，住在他的身上。我先前不認識他，只是那差我來用水施洗的，對我說：『你看見聖靈降下來，住在誰的身上，誰就是用聖靈施洗的。』我看見了，就證明這是神的兒子。」

約翰為人施洗有更高的尊榮，因為他為我們的主施洗。當約翰為耶穌施洗時，聖靈降下；做為一個見證人，他親眼看見聖靈，像鴿子般降在耶穌身上。因為他替耶穌施洗，才有福份看見聖靈。他做了奇異的見證，證明這是神的兒子，這是強而有力的見證，而且他是首位見證耶穌是神之子的先知，並因他是親手施洗，得以近距離看見並觸摸到耶穌。

〈約翰福音第三章二十五至二十八節〉約翰的門徒和一個猶太人辯論潔淨的禮，就來見約翰，說：「拉比，從前同你在約旦河外、你所見證的那位，現在施洗，眾人都往他那裡去了。」約翰說：「若不是從天上賜的，人就不能得什麼。我曾說：『我不是基督，是奉差遣在他前面的』，你們自己可以給我作見證。

耶穌出現後，大家蜂擁轉向耶穌離開約翰，約翰就說，若不是從天上賜的，人就不能得什麼。他不踰越本位，反而謙卑。施洗約翰的見證非常有效，因為眾人紛紛問他應當怎麼做？這就表示，人心已經開始在逆轉。像他這樣的見證人，我們要好好的學習，不要覺得已經逆轉就多了不起，我們還是神的僕人。

我們要有智慧做神的見證，做逆轉美好的見證，一定會被神重用。引人來信基督，帶來逆轉的改革，改革自己、家庭、周遭、社會、國家，進而改革世界。如同施洗約翰從曠野發聲，引發改革。只要你發聲，上帝會為你轉達。因為神的話語，總能被對的人聽見。

我們要學習施洗約翰的紀律，不以美食和物質為滿足，如同他只在乎為主鋪路做見證。你要領受修剪，不要鬼打牆，上帝要管教你，是隨時隨地的事情，上帝要讓你更好，千萬不要拒絕。

逆轉勇士面對身邊的毒蛇要狠狠棒打，毒蛇排隊等著被打，那我們就嘴下去，打下去，因為施洗約翰是這樣，耶穌也是這樣；我們也要這樣。這個時代需要改革，這個社會已經腐化，教會發不出任何的聲音，我們必須站出來，上帝會給我們足夠的能力和權柄來改革，做這個黑暗世界的光。

呼籲——逆轉追隨者

拉高標準，謹防不信，
擁抱紀律，領受修剪。

呼召——逆轉勇士們

棒打毒蛇，砍下燒盡，
忠心見證，權柄改革。

第9講

改邪歸正得逆轉

歷代志下十七至三十章

9.1

改邪歸正的逆轉真理

專一事奉，獨一真神，從一而終，一心行道。

〈歷代志下第十七章第一到四節〉亞撒的兒子約沙法接續他作王，奮勇自強，防備以色列人，安置軍兵在猶大一切堅固城裡，又安置防兵在猶大地和他父亞撒所得以法蓮的城邑中。耶和華與約沙法同在；因為他行他祖大衛初行的道，不尋求巴力，只尋求他父親的神，遵行他的誡命，不效法以色列人的行為。

約沙法是亞撒王的兒子，從歷代志下十七到二十章，記載他的逆轉事蹟。約沙法距離先祖大衛的時代，已經過了很長一段時間。這段期間的以色列百姓，包括猶大人，慢慢偏離真理，不再侍奉耶和華，轉而尋求外邦的神

——巴力。當時那些以色列人祭拜事奉的巴力很多，所以有時我們在《聖經》中會讀到「諸巴力」，英文寫作 Baals，加上複數 s，指的就是當時的外邦諸神。

這個時期的領土分割為南邊的猶大國跟北邊的以色列國，既然猶大的約沙法奮勇自強，當然也要防備北邊的以色列及附近的列邦，因此他在猶大地和以法蓮設下精兵防制，並推動許多改革建設；再加上他和父親亞撒，皆遵行先祖大衛所行的真理之道，敬畏並侍奉耶和華，遵守誡命，因而他們的國，深深獲得神的祝福和喜悅，使國富力強，固若金湯。

然而當時的以色列人，就像我們周遭愚昧的人一樣，祭拜很多的偶像。約沙法不只遵循誡命，也在猶大除掉一切的邱壇（high place，獻祭之處）和木偶，不讓他的子民敬拜侍奉諸巴力。在這裡我們就可得知，逆轉要成功，就必須棄絕諸巴力，悔改尋求獨一真神。多神一定是假的，神只有一位，單一的神才是真的。

〈列王紀上〉二十二章也記載到約沙法的故事。但是〈列王記〉所記載的，比較偏向於列王的起落和國家的盛衰。在此章經文中，特別提到約沙法除去了「亞撒在世所剩下的孌童」，這是很重要的事蹟。這裡的孌童指的是外邦神廟中的男妓，他們所做的宗教儀式，就包含了淫亂的行為。而經文提到「亞撒的孌童」並不是亞撒畜養孌童，行淫亂之事，而是亞撒在位時，只能除去一部分的孌童，後來那些剩下的孌童，皆被約沙法盡除，他做到了亞撒沒能做到、未完成的事情。

逆轉要成功，必須棄絕淫亂，這些基本的誡命，我們要如同約沙法一般遵守。也應效法約沙法帶著耶和華的律法書（舊約），到各城各處去教訓百姓。透過本節說明了約沙法所做所為，我們便能明白，他的了不起之處在於——是他逆轉了整個國家。

逆轉也是如此，你必須棄絕假神的那些經文，只有《聖經》才是至高的權威。有些基督徒會反駁：「我們沒有讀那些亂七八糟的經啊！」那麼我就要問：「你確實讀《聖經》了嗎？」

這也是身為基督徒必須反省檢討並悔改的地方，不要只到教會才打開《聖經》，回到家卻把《聖經》冰凍在書櫃裡，或是放在桌上而不用心閱讀。我們身為基督徒，理應反省，捫心自問：「我們愛《聖經》嗎？」你如果愛祂，必定會花時間在上面。還是你一翻開《聖經》就打哈欠，甚至睡著？

或者你閱讀《聖經》沒多久，就想滑手機回訊息？其實這點我也應當檢討反省，我也常常在回訊息的過程中讀《聖經》，雖然上帝的話語還是臨到我。或許有人會說那就將手機關機吧！畢竟清心的人有福了；但是活在科技時代，萬事依賴手機的我們，不見得都能夠這樣做。

如果你想要逆轉的話，無論如何，你愛《聖經》的信德，要展現出來。就是因為看到約沙法的改革，帶領整個國家改邪歸正得逆轉，我才訂出改邪歸正的逆轉真理。專一的事奉獨一的真神，然後從一而終，從頭到尾，不事奉其他的多神假神。唯有一心行道，絕無二心，逆轉才可成功。

9.2

改邪歸正的逆轉真理

強悍神勇，無人不懼，收納貢銀，不戰而勝。

〈歷代志下第十七章十一至十三節〉有些非利士人與約沙法送禮物，納貢銀。亞拉伯人也送他公綿羊七千七百隻，公山羊七千七百隻。約沙法日漸強大，在猶大建造營寨和積貨城。他在猶大城邑中有許多工程，又在耶路撒冷有戰士，就是大能的勇士。

其實，在約沙法的父親亞撒在位期間，國家就開始興盛，只是隨著約沙法的逆轉，變得更加強大。當然，在他日漸強大之後，周遭列國都陷入恐懼，不敢與他爭戰。畢竟他的國蒙受神的祝福，各方面只會越來越強悍神勇；連非利士人和亞拉伯人皆送來豐盛的財物，原本的敵人不但不敢來犯，還主動送禮示好；而猶大眾人也給他進貢，也就是說，不但外國進貢，本國的臣民也進貢。因此，約沙法大大獲得了尊榮和資產，名利雙收。

逆轉成功者也是如此，獲得尊榮和資產，並且人見人怕，而不是人見人愛。人見人愛好像不錯啦，但我個人更喜歡人見人怕。如同逆轉，剛開始就是這樣。我一個人不吃，又沒有影響到別人，又沒有叫他們禁食。可是無形中，好像對周邊的人產生了一點威脅，這個威脅越來越大，甚至有人阻止你禁食。

所以逆轉成功者，是人見人恐懼，不敢與你爭戰，如果我們能做到這樣的程度，就證明我們的逆轉具有威力。

國家越來越強大後，約沙法開始建造營寨和積貨城，這個就是神賜你資產和尊榮時，必然有的現象，也是我一直在體驗的。逆轉成功者，會強盛豐足。若有人說逆轉成功者，越來越窮，越來越貧乏，越來越不行，越來越軟弱……就表示有問題，這絕對不是逆轉成功，應該好好看清自己的問題。約沙法不但有許多工程建設，也擁有了大能的勇士；不但建設，還建軍。所以逆轉成功者，一定會有勇士跟隨，如同我剛開始只有自己走逆轉之道，慢慢地開始有了追隨的勇士。

至於約沙法擁有多少大能的勇士呢？後續的經文數算了他們的數量：

猶大族的以千夫長押拿為首，率領三十萬大能的勇士、千夫長約哈難率領二十八萬、細基利的兒子亞瑪斯雅二十萬、便雅憫族二十萬，還有約薩拔率領，預備打仗的十八萬；總共加起來一百一十六萬。這麼龐大的勇士們，就是約沙法的軍力，還不包括安置在猶大全地，堅固城所的勇士。還有亞撒的軍兵，出自猶大拿盾牌拿槍的三十萬人，出自便雅憫拿盾牌拉弓的二十八萬人，若將這五十八萬人也加進來，便超過一百一十六萬。我們在這裡也可以將父子倆的軍力做個比較，發現約沙法多出亞撒整整兩倍，可見神的祝福就是要讓約沙法比亞撒更強盛。

好比逆轉成功者，上帝必定讓他固若金湯，加倍豐盛，且強大到無堅不摧。看看約沙法，一個逆轉的王，可以如此神勇強悍，令列國驚懼得送來大量財物討好。連爭戰都不用就勝了。之後的經文的確描寫了爭戰，但神讓他不戰即勝。所以逆轉當然值得我們好好的營造和訓練，因為到後來我們都將不戰而勝；這是神所賜予我們一個非常大的權柄和福氣。

9.3

改邪歸正的逆轉真理

勇吐真言，聽似鬼話，無情幹話，神卻悅納。

〈歷代志下第十八章第六到七節〉約沙法說：「這裡不是還有耶和華的先知，我們可以求問他嗎？」以色列王對約沙法說：「還有一個人，是音拉的兒子米該雅。我們可以託他求問耶和華，只是我恨他，因為他指著我所說的預言，不說吉語，常說凶言。」約沙法說：「王不必這樣說。」

因為約沙法大有尊榮資產，變得越來驕傲，做出錯誤了的決定。本來應該要防備北邊的以色列，但他居然和當時的以色列王亞哈，結成了親家。亞哈結了這門親事，自然百般討好，送了禮物，還派人遊說他聯軍，攻取基列的拉末。約沙法聽了很高興，便答應聯軍出征，還說出：「你我不分彼此，我的民與你的民一樣，必與你同去爭戰。」這種只有北七才會說出的蠢話。

幸好約沙法還是敬畏神的，因而得著上帝的保守。他出征前和亞哈詢問了以色列的先知米該雅，但亞哈非常憎恨米該雅，一來除了他自己本身沒那麼敬畏神外，最主要的原因是米該雅的預言，總是沒有他喜歡的好聽話。畢竟亞哈王身邊圍繞了一群說好聽話的應聲蟲，這些假先知口吐吉言，極為討亞哈的歡心；相較之下，他當然更加憎恨常說凶言的米該雅。

但是我們看就知道，是誰說了真話，口吐凶言的米該雅說的才是真話。在這裡，我們看到了成功後自滿的約沙法，得意忘形，因而犯錯。所以我們身為逆轉的見證者，首先要學會不說奉承人的諂媚話。比如亞哈的這些假先知，只會說阿諛奉承的諂媚之言，儘管亞哈聽了很爽，讓這些假先知吃香喝辣，但最後還不是應了米該雅的凶言？我們逆轉從不說假話，不說好話，要說真話，如同舊約中的真先知，只要他們開口發預言，絕對是凶言。

米該雅做了什麼預言呢？在約沙法的吩咐下，米該雅如實說出預言，他預言約沙法得勝，但亞哈會死在戰場上；這對亞哈來說，果然是凶言。

我們做為逆轉的見證者，不說能假話，不是故意要跟別人起衝突，我們也想客客氣氣的說話。不過，客客氣氣，向來都講不出什麼真話，反而被人譏諷我們講的真話（凶言）都是幹話，搞得像我們只會說幹話。好吧，那我以講幹話為榮；我不是故意要說凶言，而是神對祂百姓的警告，必定是超級難聽的話。

這點同時也能讓現在的教會反省一下，聽一聽你們講的都是什麼話？只會說軟趴趴的好聽話，圖的是會眾喜歡聽，否則就不奉獻，教會的「業績」難看，會眾隨之減少。擔心他們不喜歡聽你講的幹話，改去其他教會，使教會越來越冷清，彷彿少了上帝的祝福——這就是現代教會的寫照，很多教會都在比有錢和排場，比會場可以坐幾千人……但這並不是耶和華所喜悅的教會。

〈歷代志下第十八章第十七到二十二節〉以色列王對約沙法說：「我豈沒有告訴你，這人指著我所說的預言，不說吉語，單說凶言嗎？」米該雅說：「你們要聽耶和華的話。我看見耶和華坐在寶座上，天上的萬軍侍立在他左右。耶和華說：『誰去引誘以色列王亞哈上基列的拉末去陣亡呢？』這個就這樣說，那個就那樣說。隨後有一個神靈出來，站在耶和華面前說：『我去引誘他。』耶和華問他說：『你用何法呢？』他說：『我去，要在他眾先知口中作謊言的靈。』耶和華說：『這樣，你必能引誘他，你去如此行吧！』現在耶和華使謊言的靈入了你這些先知的口，並且耶和華已經命定降禍與你。」

米該雅發了預言後，當然和那些典型的假先知起了爭執，更加不討亞哈的歡心。這段經文中，值得注意的是「有一個神靈出來」，這個神靈並不好解釋，因為大家都不知道這是邪靈。但對照英文看，就一目了然，大寫的「靈」只能是聖靈，其他眾多的小寫的「靈」，都是邪靈。那些妖魔鬼怪一大堆，大鬼帶小鬼，其中就有這樣的一個邪靈跑出來，引誘亞哈王。所以我們要注意到，連邪靈都是被聖靈差遣的。你以為撒旦在經營牠的魔鬼之國嗎？牠仍然在為上帝的國效力，邪靈還是為上帝工作。

因此，這次謊言的靈的任務就是——藉由假先知們的吉言，引誘亞哈上戰場，失去性命。我們如何辨別什麼是聖靈？什麼是邪靈？很簡單，邪靈說的都是謊言，為的就是要引誘欺騙你。例如：不拜邪靈，你會遭到厄運。這就是平常最常出現的邪靈，但是有多少人是因為害怕而去拜拜？多少人被綑綁而不得不拜？怕自己受到咒詛，發生出門被車撞之類的惡事……一大堆的咒詛在你身上，讓你因為害怕而被騙。這段經文描述的也是亞哈遇到這個邪靈到假先知身上的狀況。

逆轉見證人要學習的是，不說欺騙人的吉言。對於屬魔鬼的人，就跟他講鬼話；若你是屬聖靈的人，我跟你講的就是真話。對於屬魔鬼的人，我講的鬼話，只會讓他們更加驚駭恐懼，晚上睡不著。所以我們在嘴人家的時候，輕則讓他們懷疑人生，重則憂鬱上吊，這才叫鬼話。當我在《聖經》裡面看到亞哈王這樣的案例時，突然間覺得非常興奮，原來邪靈也是服侍上帝，被神所使用的嘛。

事情之後的發展再次顯示了神的拯救。在戰場上，有個人隨便開弓，箭就剛好射入了亞哈王盔甲的隙縫裡，這也未免太湊巧了吧！就像大衛對上歌利亞的時候，歌利亞的全身盔甲，但大衛的甩石仍好巧不巧就打進甲縫裡，擊殺了歌利亞。總之，亞哈如同米該雅所預言的，死在戰場上。

同樣的，逆轉見證人，也不說順應人情的話，只需說神話。至於那些睜眼說瞎話的人，就讓不長眼的箭奪去他們的性命吧。當上帝要處罰不合祂意的人，所做的這些事情，往往看似命運在開玩笑，好像很幽默，很湊巧，很隨便；你千萬不要以為真是湊巧，不要以為真是隨便。

改邪歸正逆轉的人要勇於吐露真言，就算聽起來像鬼話，像無情的幹話，但是神句句悅納——這是我最近很深刻的體悟。如同我比中指的事件，排山倒海而來的酸民攻擊，所有聽到我話的人都起反感，還有一堆酸民抹黑，不論如何，看起來都非常負面；但結果從頭到尾，上帝只有喜悅，上帝只有點頭，上帝只有笑臉對我，還給我無數的祝福。你以為上帝對我的反應是你們所想的懲罰嗎？各位真是大大的錯誤了。

〈歷代志下第十九章一至三節〉猶大王約沙法平平安安地回耶路撒冷，到宮裡去了。先見哈拿尼的兒子耶戶出來迎接約沙法王，對他說：「你豈當幫助惡人，愛那恨惡耶和華的人呢？因此耶和華的忿怒臨到你。然而你還有善行，因你從國中除掉木偶，立定心意尋求神。」

經過這次事件，約沙法也學到了功課，知道自己犯錯。但是耶和華還是顧念他先前除掉國中的木偶，立定心意尋求神，在戰場上，還是出手拯救了約沙法。由此可知，立定心意尋求神是何等重要。

9.4

改邪歸正的逆轉真理

憎恨惡人，不受賄賂，迎戰衝突，壯膽為善。

〈歷代志下第十九章第四到七節〉約沙法住在耶路撒冷，以後又出巡民間，從別是巴直到以法蓮山地，引導民歸向耶和華——他們列祖的神；又在猶大國中遍地的堅固城裡設立審判官，對他們說：「你們辦事應當謹慎；因為你們判斷不是為人，乃是為耶和華。判斷的時候，他必與你們同在。現在你們應當敬畏耶和華，謹慎辦事，因為耶和華——我們的神沒有不義，不偏待人，也不受賄賂。」

約沙法上戰場時穿的不是盔甲，而是王服，因為上帝的保護，毫髮無傷的回來。倒是穿著盔甲的亞哈王，反被箭射中喪命，所以約沙法親身感受到上帝奇妙的拯救，因而悔改，堅固他的信仰，更出巡民間，引導民歸向神，還設立審判官，廣行公義，是非常好的事情。

任何的逆轉勇士，每一個都該勇於接受責備，並知錯能改。這是我從約沙法身上學習到的，他還是謙卑，謙卑悔改，勇於接受責備，願意聽這些不好聽的話；不像亞哈王，只喜歡聽吉利的話，最後還不是死了。逆轉勇士也應該勇於審判不義的事，不偏待人。身為審判官，不聽片面之言，有智慧知道怎麼評判。不偏不倚，精準的判斷任何事情的對錯。逆轉的勇士，必有上帝給予的智慧。

約沙法設立審判官，派人為神判斷民間的爭訟，忠心誠實辦事，讓整個社會具備清廉的風氣。逆轉勇士也應該勇於面對衝突，面對這個淫亂的世代。若身為基督徒，看這個淫亂的世代還覺得這個世代好和平，那你根本就是死的基督徒，沒有看見這個淫亂世代的問題，還在那邊自我感覺良好。身處在這個淫亂的世代，你不氣噗噗，不起身斥責，那你根本就沒有達到耶穌要你為這個世界爭光的要求。

除了審判官的設立之外，約沙法還頒布了誡命，警戒百姓，免得他們得罪了神。如同逆轉的勇士，勇於勸誡弟兄，我們現在講話這樣難聽，是因為我們在勸戒弟兄悔改，免得受到罪的刑罰，這些話絕對不會好聽，絕對沒有辦法客客氣氣的講，絕對沒有辦法很有人情味，絕對沒有辦法你好我好大家好。我們要憎恨惡人，不受賄賂。

賄賂，放在物質層面看是很容易理解的，不收受他人的錢財禮物，做出不公義的事情。但我們在逆轉之道上所說的賄賂，則是指看起來比較舒服，比較愉快的事情，不被肉體的輕鬆享受和人情世故收買。

我們的標準一直都很高，並且不降反升，不管情況怎麼樣，好或不好，我們都要追求更好的表現，跑的紀錄不斷刷新。面對衝突不躲避，正面迎戰，有多少基督徒敢迎戰？大家都是被教導與人為善，避免衝突，這樣的相處讓我們受歡迎，被人喜歡。長期被教導弟兄要和睦同居，衝突會引發教會分裂……這樣不好。

但是經文告訴我們，我們要迎戰衝突，還有壯膽為善。為善需要壯膽，你以為做好事情很簡單？做耶和華喜悅的事情，必須要壯膽，絕對不可唯唯諾諾，看起來像弱者。這也是為什麼教會，得不到外面的人青睞的原因。因為很多外面的人認為，教會裡的人叫做弱者，叫做軟腳蝦。很強的人會說：「不好意思，我不想進去攪和，因為我是強者。你們這些弱者只會躲在教會裡面，彼此相愛彼此關懷，整天把『我好軟弱』掛在嘴邊當作口頭禪。」

9.5

改邪歸正的逆轉真理

憑信迎敵，不懼不驚，聖潔禮服，歌唱頌讚。

〈歷代志下第二十章第一到四節〉此後，摩押人和亞捫人，又有米烏尼人，一同來攻擊約沙法。有人來報告約沙法說：「從海外亞蘭（又作以東）那邊有大軍來攻擊你，如今他們在哈洗遜他瑪，就是隱基底。」約沙法便懼怕，定意尋求耶和華，在猶大全地宣告禁食。於是猶大人聚會，求耶和華幫助，猶大各城都有人出來尋求耶和華。

雖然約沙法的改革做得非常好，國富強盛，但仍有外患。當外患來臨，雖然約沙法知道信靠神，終將會不戰而勝，但恐懼已經臨到整個國家。因此約沙法宣告全地禁食，聚會尋求神的幫助。

約沙法果然是深知逆轉真理的王，竟頒布全國禁食！我們能做到全團隊禁食，已經很了不起了，他卻可以全國禁食，帶起靈命的大復興，多人出來尋求耶和華，這裡的多人幾乎是人人——這是相當不簡單，令人驚訝的事情。他並在禱告裡面提到：「無人能抵擋祢，萬國萬邦的主宰，手中有大能大力無人能抵擋。」

藉由禱告將這些外患驅趕就好，有這樣的信心，禁食就可以讓敵人被驅逐。我們要好好地禁食，我給我們的團隊如此勉勵，也給現今的教會一個警戒，你到底有沒有在禁食？

師母今天正好告訴我們，在馬來西亞有一個教會進行了四十天的禁食，結果他們所謂的禁食是每天少吃一餐，所以日食兩餐。這是哪門子的禁食？而且禁食的那餐，還要喝果汁。靠腰，四十天過去了，全部人還是肥起來。如果四十天的禁食都是零卡，馬來西亞就能一直在奧運拿金牌了。

「勝敗不在乎你們，乃在於上帝。」因為約沙法有親身體驗，所以才對百姓這樣說。我們只要去迎敵，不用爭戰，敵人來時，我們要站出去，不能害怕。上帝與我們同在，所以派了祭司上戰場，大家一起高聲唱歌讚美，敬拜上帝。

〈歷代志下第二十章十八到二十二節〉約沙法就面伏於地，猶大眾人和耶路撒冷的居民也俯伏在耶和華面前，叩拜耶和華。哥轄族和可拉族的利未人都起來，用極大的聲音讚美耶和華以色列的神。次日清早，眾人起來往提哥亞的曠野去。出去的時候，約沙法站著說：「猶大人和耶路撒冷的居民哪，要聽我說：信耶和華——你們的神就必立穩；信他的先知就必亨通。」約沙法既與民商議了，就設立歌唱的人頌讚耶和華，使他們穿上聖潔的禮服，走在軍前讚美耶和華說：「當稱謝耶和華，因他的慈愛永遠長存！」眾人方唱歌讚美的時候，耶和華就派伏兵擊殺那來攻擊猶大人的亞捫人、摩押人和西珥山人，他們就被打敗了。

這段經文中，約沙法講了經典名言：「信耶和華——你們的神就必立穩；信祂的先知就必亨通。」這個才是不敗的真理，信神必定立穩，先知必亨通。今天上帝高舉我，令我很有尊榮的被膏為逆轉的先知，我不敢驕傲，雖然大家都說我口氣不好，態度很差。但是我必須要講，我就是逆轉的先知，你信，你才會亨通，才會逆轉。我不能決定你信不信，可是你最好信。

敵人不管多麼強大，我們只要有信心，不懼不驚，穿著聖潔的禮服，歌唱頌讚，上帝就會替你打贏這場仗，到底怎麼樣打贏？我們不是非常清楚，總之敵人會被打敗。你看到敵人強大，不用太緊張，他們除了被擊殺之外，還會自相殘殺，不要以為敵人很團結。就像我在中指事件時，面對網上一大堆放話威脅和嗆聲的酸民，大家都為我擔心。我還說：「不要擔心，他們都不團結，只會分別的放話，叫囂完後也不會集結來修理鋼鐵醫師，什麼事情都沒發生。」可是他們講話超難聽，例如：「你最好來媽祖遶境跟我比中指！」之類的話，結果我還不是好好的。不用害怕，我們繼續穿著聖潔的禮服，憑信心迎敵。

9.6

改邪歸正的逆轉真理

燒殺擄掠，大膽收取，跟從逆轉，歡喜勝敵。

戰爭結束後，猶大人來到曠野的望樓，向大軍望去，只見屍橫遍野，沒有一個逃脫的。約沙法和百姓就來收取敵人的財物，在屍首中見到許多財物和珍寶，剝脫下來，多到不可攜帶，因為太多了，收取了三日。所以我在教你逆轉的時候，你就不要嘰嘰歪歪，你只管按照指示做，上帝負責讓你魯蛇翻身。我每次遇到這種嘰嘰歪歪的問題時，非常不喜歡回答，所以態度就很差，就變得驕傲，我就是不回答這種嘰嘰歪歪的問題，因為問越多越不會逆轉啦！

你看約沙法聽話照做，他有質疑過上帝的吩咐嗎？從頭到尾上帝怎麼說，他怎麼做，竟然把祭司們排在陣前當人牆，還高聲唱歌，不穿盔甲穿禮服，一般人光想就覺得詭異，上帝有沒有搞錯？穿禮服上戰場，敵人看到傻眼，要怎麼打這場仗？這是大型佈道會嗎？但是約沙法沒有任何質疑，沒有嘰嘰歪歪，按照指示，不但贏了，還取得多不可數的財寶。

所以不要當智障，不要這樣蠢，上帝打賞，讓你們拿就拿。有些基督徒還不敢拿，上帝給了這樣的擄掠，豐厚的戰利品，居然不敢要。我現在站在這邊，就是第一個擄掠的人，拿到拿不動，大麻布袋背不動也要硬背，滿載戰利品回歸。

話說約沙法他們拿了三天的財寶後，第四天眾人群聚在比拉迦谷（就是稱頌的意思），歌頌讚美耶和華。所以，只要你歡歡喜喜跟隨神的帶領，神必讓你得勝，你也會有你的比拉迦谷，充滿頌讚，滿載而歸。如同猶大人和耶路撒冷人都歡歡喜喜地回耶路撒冷，彈琴鼓瑟和吹號，進入耶和華的聖殿。那些列邦諸國聽見耶和華戰勝了仇敵以色列，都甚為懼怕。因此約沙法的國得享太平，神賜他四境平安。關於約沙法的故事，就這樣圓滿結束。

所以，不要以為《聖經》講的盡是和平，舊約講的都是這樣的故事，又是燒殺擄掠，又是腥風血雨，哪裡和平？那些說《聖經》是很和平的，根本就沒有在讀《聖經》。舊約都是燒殺擄掠，大膽收取，然後跟隨逆轉，歡喜勝敵。你如果沒有足夠的信心，你會認為，上帝不可能用燒殺擄掠與列國為敵來祝福祂的百姓。但這是真的，在敵人面前擺設宴席，就是掠奪敵人，為什麼你沒有信心領受？

9.7

改邪歸正的逆轉真理

無可指摘，有錯必改，你若精彩，神自安排。

〈歷代志下第二十章三十二到三十三節〉約沙法效法他父亞撒所行的，不偏左右，行耶和華眼中看為正的事。只是邱壇還沒有廢去，百姓也沒有立定心意歸向他們列祖的神。

這個部分是最後對約沙法的事蹟做一個總結，他是一個不偏左右的王。但即使他已經做了足夠的改革，是如此逆轉，改邪歸正的王，仍然無法讓百姓一心歸向神，可見悖逆頑梗的人還是有的；如同這個世代，我們只能堅持僅剩的自守，堅持逆轉。有時候我真有很多的無力感跟無奈，外面周邊的人，包括我最親的人，為什麼都不能逆轉？我們有很多的感嘆，我們有很多的無奈……可是我們只能夠堅持，謹慎，自守下去。

約沙法王其餘的事蹟，自始至終都被詳實的記載下來。在這裡我要特別提出《聖經》的詳實記載，是好壞都有，有功有過，犯什麼錯，也毫無掩飾的揭示。這正是真理寶貴的地方，絕對不是只寫好的。

看到這裡我就想起了一段話，在此同步節錄。這是二〇一六年諾貝爾生理醫學獎共同得獎人屠呦呦說的一段話：「種下梧桐樹，引得鳳凰來……你若盛開，蝴蝶自來，你若精彩，天自安排。」這句話很美，所以我把它記錄起來。

我們要效仿約沙法，他的盛開，引來蝴蝶，他的精彩，上帝安排。我們要立定志向過彩色的人生，不要活得一片空白；要活得精彩，活得盛開燦爛。生涯中的敗筆也是紀錄，所以《聖經》不是只寫好事，真理是不論美醜，都會記錄。你的生命是美或醜，由你決定。

我們曾經醜陋過，沒有關係。我們逆轉，上帝讓我們變成燦爛人生。所以我們再也不必為了過去的不堪，一直活在那個羞恥裡。你看約沙法，他已經獲得這麼好的評價，但還是犯過許多錯誤。例如後來他還跟行惡太甚的以色列王亞哈謝交好。對，在亞哈之後，還有一個亞哈謝，他們計劃要造船。

說到「造船」，就讓我想到基督教有所謂的「拆船」大會。小時候我乍聽之下覺得：「靠腰，怎麼會有拆船大會？我一定要去看。」結果去了之後，根本沒看到船啊，原來是宣教士傳福音的「差傳」大會。不過，《聖經》並沒有仔細提到他們兩個為何要造船前往他施，不知道是要宣揚國威還是怎樣的，反正有一點驕傲就對了。總之，約沙法和亞哈謝交好，計劃造船這件事，被耶和華的先知以利以謝這麼說：「因你與亞哈謝交好，耶和華必破壞你所造的。」

後來那船果然破壞，不能往他施去了。所以說，神是輕慢不得的，雖然你是一個好王，但是你常常有尾巴翹起來的毛病，容易得意忘形，這是一個小錯，沒有像前面亞哈錯得那麼大，但《聖經》還是詳實的記載。不要以為自己獲得上帝的喜悅，因而輕慢，覺得犯了小事小錯也沒有關係，你不求告，上帝還是會翻車，還是會拆船啦。我們可以從約沙法身上學到太多，他好是好，但有容易驕傲的小缺點。

所以改邪歸正的真理，也告誡我們，要做個無可指摘，有錯必改的人。不要嘰嘰歪歪，自我感覺良好，以為自己多厲害。要一心跟隨，不要脫隊，我們有一個最好的逆轉團隊，每天帶領大家做。很多人說我們跑這麼多，跑這麼快，他跟不上，所以就不跟了。其實有來跟過的人都知道，我又沒有強迫大家要跟我跑四十三公里，但是你只要有跟上，就會漸入佳境，越來越不錯，後來的結果非常好。如果你跟不上全馬，就跟半馬，雖然跟半馬也很不容易，但一定會很有收穫。

我們要做強悍英勇的勇士，不要當媽寶，不要當花美男和娘砲；要領受箴言，不要聽假話……這些你都要改變。要像神的審判官那樣嫉惡如仇，講出真話，對這個淫亂的世代發出譴責。我們要燒殺擄掠，上帝給你這樣的權柄，路見不平，拔出你的西瓜刀還是開山刀，鼎力相助，站在公義的一方，做神眼中的好事。感謝約沙法，讓我們看見並得到改邪歸正的逆轉真理。

呼籲——逆轉追隨者

從一而終，一心跟隨，
強悍英勇，領受真言。

呼召——逆轉勇士們

嫉惡如仇，勇吐真言，
燒殺擄掠，不偏左右。

第10講

得地為業得逆轉

創世記十二至十七章

約書亞記十四至二十一章

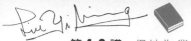

10.1

得地為業的逆轉真理

離開舒適，夢想偉大，棄小確幸，改變天下。

〈創世記第十二章一到三節〉耶和華對亞伯蘭說：「你要離開本地、本族、父家，往我所要指示你的地去。我必叫你成為大國。我必賜福給你，叫你的名為大；你也要叫別人得福。為你祝福的，我必賜福與他；那咒詛你的，我必咒詛他。地上的萬族都要因你得福。」

亞伯蘭（亞伯拉罕的原名）在〈創世紀〉中占的篇幅不少，我們從第十二章，神呼召他離開本地（哈蘭）說起。這裡的本地或可理解為出生地，若亞伯蘭沒有聽從神的旨意，離開他的出生地，也就沒有今日「信心之父」的故事，沒有成為大國的機會，沒有獲得大名的可能，沒有萬族為福的榮耀。

亞伯蘭離開本地，就是逆轉的開始，為了操練他捨離的信心。如同我們原來過著三餐定時定量，休假時旅遊玩樂的享樂生活，人們為自己打造的舒適圈，其實是為自己打造了死的牢籠；我們若不離開這樣的本地，又如何逆轉？俗話說：「畫地為王。」那也得要先離開你畫地自限的牢籠，走在逆轉真理之道上，一步一腳印前往你獲得的地，你才可以成為這一國的國王。

好比我們都明白，想要逆轉，就必須拋棄魯蛇的思維，那些小確幸的思考模式只會害死你。你有夢想嗎？你敢做夢嗎？你想成為獲得大名，偉大的人嗎？逆轉必須拒絕獨善其身，不要抱著「我好就好了，別人好不好沒有關係」的心態，反而是你先把自己搞好，擺脫舒適圈和魯蛇思維，才能帶領更多人走上逆轉的真理之道。如同上帝呼召亞伯蘭，必先讓他得福，再讓萬族因為他而得福。

10.2

得地為業的逆轉真理

接受轉折，以退為進，甘願轉彎，破涕為笑。

上帝給予我逆轉的異象和偉大的夢想後，使我棄絕原有的舒適圈，帶我離開畫地自限的窘境。如同〈創世記第十二章十到十五節〉的經文提到亞伯蘭離開本地後，所遇到不如預期的事情。他們遇到了重大的饑荒，只好向著埃及前去，到那裡暫居。但他的妻子撒萊容貌俊美，亞伯蘭明白若是讓埃及人看見，必定會為了搶奪他的妻子，而殺了他。

很多人一定覺得奇怪，上帝要亞伯蘭離開本地，到新的應許之地，但又不如預期的計劃，上帝不是要帶他去一塊美地嗎？為什麼卻是饑荒之地？其實，我個人有著幾乎一模一樣的經歷，那就是我醫學院畢業離開阿根廷，前往美國的日子。當時的我對於自己的美國夢滿懷憧憬；豈料，我的美國夢不僅沒有實現，反而碎了滿地，還狠狠刺傷了自己，這六年來經歷重大的挫折和低潮，既不得志又窮途末路。之後，上帝帶領我回到台灣，所以我的這段經歷，正如同亞伯蘭所經歷的一樣；美國是人人嚮往的美地，但對我來說，卻是一塊荒地。

亞伯蘭跟妻子來到埃及暫居，其實埃及離所應允的迦南地並不遙遠。只是他還無法前進迦南地，就先來到傷心地。說來奇妙，上帝帶領我們得美地，立偉業之路，並不見得一帆風順。乍看之下計劃受到破壞，但是卻為之後的得地埋下伏筆。

亞伯蘭到了埃及，為了保命，不敢承認撒萊是他的妻子，便謊稱是妹妹，所以撒萊因美貌險些被法老強娶。然而埃及的法老因此事受到上帝的警告與責備，只好趕緊打發他們離開埃及，並贈與大量財物。原本亞伯蘭將因妻子的美貌而招來殺身之禍；但卻又因禍得福，從法老那裡獲得許多財寶、牛羊、駱駝、驢子和僕婢。從他的這段經歷，可以看出這是個充滿逆轉的奇異之旅，不但認識了法老，還獲得一大堆財寶。

在逆轉的真理之道上，也是如此，你不一定能理解，但只要順服，必定滿載而歸。當年我去美國發展，卻不得志，必須要回到台灣時，也曾質疑上帝，到底有沒有搞錯？我需要來這一趟嗎？白白浪費了二十六至三十二歲的黃金時期。當我回到台灣，擔任外科醫師和駐院醫師的第一年，跟我同年紀的醫師都已經是主治醫師了。在這樣的情況下，我才會質疑在美國的六年，是否空轉，是否白費？

其實這是對我們信心的考驗，你必須要堅守住你的信心，要知道上帝絕不犯錯。神讓你的旅程有挫折，但也有轉折。神埋下一些伏筆，為你預備豐盛的祝福。或許現在的你如同亞伯蘭一般，到埃及暫居，但你順服，甘願轉彎，路不轉人轉，最後總是會破涕為笑。

10.3

得地為業的逆轉真理

眼見有限，信心鷹眼，地土後裔，一次得足。

〈創世記第十三章十四到十七節〉羅得離別亞伯蘭以後，耶和華對亞伯蘭說：「從你所在的地方，你舉目向東西南北觀看；凡你所看見的一切地，我都要賜給你和你的後裔，直到永遠。我也要使你的後裔如同地上的塵沙那樣多，人若能數算地上的塵沙才能數算你的後裔。你起來，縱橫走遍這地，因為我必把這地賜給你。」

從經文中可以看到和亞伯蘭同行的還有姪兒羅得，離開埃及後，他們獲得牛羊財物太多，牧地容不下，因而不得不分別。亞伯蘭讓羅得先挑選他想要的地，羅得若是往東，他就往西。亞伯蘭為什麼帶羅德同行？從經文所描寫的故事背景推斷，亞伯蘭離開哈蘭時，已高齡七十五歲，卻膝下無子，所以就把羅得當作他的繼承者，帶著一併同行。

我們都知道上帝為我們安排好了一切，為我們規劃了生命的藍圖。可是我們不會知道藍圖的內容，因此必須要信靠順服。不難理解亞伯蘭為何將羅德視為產業的繼承人，但後來他就會看見上帝的計劃，並不是這樣。再說到羅得，他是一個眼見為憑的人，他看見南方約旦河平原，面積遼闊，土地肥沃，就選了那個地方。殊不知，他所選的地，未來將成為不毛之地，因為這塊地包含了之後會被上帝毀滅的所多瑪和蛾摩拉。

亞伯蘭為了除去他和姪子之間可能產生的衝突心結及潛在的危機禍患，以寬大的胸懷讓羅得先選擇，也顯出他對神的信心，相信上帝會給他應許之地，因此他大方地將看起來像「耶和華的院子」那麼美好的一塊地讓給羅得。由此可知，原本的所多瑪和蛾摩拉，也如同伊甸園般美好。從亞伯蘭和羅得選地的過程，可知逆轉的靈，必定懂得捨掉次等，挑揀上等。因為他不用肉眼去看，就算這塊地像埃及，像伊甸園，他也不會挑選。他以屬靈的眼睛，絕大的信心，獲得應允之地。

後來所多瑪和蛾摩拉被滅的故事，大家都熟知，甚至亞伯蘭還想去救羅得，遠離罪惡之城。從引用的經文中，可以看到神的話語，要讓膝下無子的亞伯蘭，後裔如同塵沙一般多不可數。雖然當時的他們還沒有兒子，但仍舊相信。如同逆轉的旅程，自孤獨起始，滿滿的福氣而歸。所以，我們不要擔心，不要害怕，不要玻璃心，這條路本來就很孤獨。回想我剛開始走逆轉之道，只有一個人，淒涼的咬緊牙關走下去，無時無刻提醒自己，必須勇往直前，不管有沒有人跟隨。

我們要放棄肉眼可見的，而領受信心所見的，運用我們信心的鷹眼，銳利而精準的眼光，地土跟後裔一次得足。上帝應許亞伯蘭一塊地，以及後裔無數。畢竟，那麼大的地，若沒有後裔繼承，又有什麼意義呢？國土一定要有百姓，沒有百姓怎麼成為一個大國？這一切上帝全都應許了亞伯蘭。

10.4 得地為業的逆轉真理

模糊清楚，一目了然，現在將來，自有安排。

〈創世記第十五章八到十節〉亞伯蘭說：「主耶和華啊，我怎能知道必得這地為業呢？」他說：「你為我取一隻三年的母牛，一隻三年的母山羊，一隻三年的公綿羊，一隻斑鳩，一隻雛鴿。」亞伯蘭就取了這些來，每樣劈開，分成兩半，一半對著一半地擺列，只有鳥沒有劈開。

我們在舊約中，常常會看到很多約定。例如十五章的這個約定，是讓亞伯蘭擁有自己的兒子。當上帝跟亞伯蘭立約的時候，他還不知道要如何得地為業，神為了給他一個憑據，就叫他把這些動物備好，然後劈開，以此立約應證。為什麼用劈開的動物立約？劈開是一種象徵，雙方各執一半為憑。而且也象徵違約的懲罰，合約必須由兩造共同遵守，如果有一方面沒有履行合約，就會被劈開，近似我們所說的天打雷劈，劈成兩半。這段經文也可以對照〈羅馬書〉來讀。

〈羅馬書第四章十六到十七節〉所以人得為後嗣是本乎信，因此就屬乎恩，叫應許定然歸給一切後裔；不但歸給那屬乎律法的，也歸給那效法亞伯拉罕之信的。亞伯拉罕所信的，是那叫死人復活、使無變為有的神，他在主面前作我們世人的父。如經上所記：「我已經立你作多國的父。」

因為有了屬乎恩的應許，亞伯蘭全然相信。所以應許是歸給效法亞伯蘭之信的人，如同逆轉的信心會自然帶來後嗣，就是繼承這一塊地的人，逆轉的信心自然會使死人復活。這裡的死人並不是字面上的生和死，而是因為亞伯蘭認為自己老邁，撒萊也失去生育能力，所以死人是指，亞伯蘭認為自己的身體狀況越來越差，半截身體入土，跟死人沒兩樣。但是逆轉的信心在亞伯蘭身上體現，他相信神會使無變有。

其實，這時的他還不知道自己會生兒子，只是他相信就算沒有兒子，上帝也會讓他後裔遍布全地。所以他所相信的是使無變有的真神。想想這是很困難的，畢竟相信生病會好轉比較容易，但相信死裡復活比較困難。好比使一變為多很容易，可是從零變成一就很困難，但是我們看見亞伯蘭對神有著足夠的信心。

再回到〈創世紀〉的經文來看，在立約之前，上帝說過，他的後裔會寄居在別人的地，被苦待四百年，但亞伯蘭的壽命會很長，而會在這地承受。立約後，神將從埃及河直到伯拉大河的這一塊地賜給他的後裔，這就是給亞伯蘭的應許之地。埃及河並不是尼羅河，而是迦南地裡面的一條小河，伯拉大河就是幼發拉底河。

所以立約賜地的範圍，非常明確，上帝越講越清楚，屬於亞伯蘭的地到底從是哪裡到哪裡？神本來說看見的，腳踩的，都是你的；可終會越來越清楚明確。同樣的，我們倚靠上帝的應許，剛開始雖然模模糊糊，可是越走會越清楚。上帝將告訴你，越來越明瞭的指示你，所得之地的界線。

10.5

完全得地，成為大國，多國多族，生養眾多。

得地為業的逆轉真理

〈創世記第十七章六到八節〉我必使你的後裔極其繁多，國度從你而立，君王從你而出。我要與你並你世世代代的後裔堅立我的約，作永遠的約，是要作你和你後裔的神。我要將你現在寄居的地，就是迦南全地，賜給你和你的後裔永遠為業，我也必作他們的神。」

在這裡，神對亞伯蘭的要求，就是要做完全人。在神面前做完全人，神就與他立約，到底上帝跟亞伯蘭立了幾個約？從十二章到十七章，我們看到神跟他立約，我所學到的是，要做完全人，約才得以堅固穩立，後裔才會繁多。完全人，就是做個無可指摘之人，只有俯伏在地的完全人，才能得地。俯伏在地就是願意完全的順服，做一個完全聽從的人，沒有任何的嘰嘰歪歪，沒有鬼打牆。

做完全人才能夠做多國的父，而且君王會從他而出，應許會越來越大，越來越明顯，越來越清楚。所以他俯伏在地，成為完全人，才能從得地，變為得國。而上帝也要求所有的男子都行割禮，分別為聖，在身上留下立約的證據。因此不受割禮的男丁，如同背約，必被神從民中剪除。亞伯蘭年紀老邁才行割禮，成為完全人，成為多國之父，神為他改名叫亞伯拉罕。連妻子都要逆轉，撒萊成為多國之母，神改名為撒拉。

神說要賜給他一個兒子，雖然亞伯拉罕俯伏在地上竊笑，一開始心裡還是疑惑，妻子都九十歲了，還能生嗎？不過想到能有孩子，又開心的笑，心中還是有盼望。雖然神看到他的信心有點軟弱，可是神都說了，必定成就。上帝永遠不會背約。但人是非常容易背約，隨隨便便，不當一回事，當初信誓旦旦，後來虎頭蛇尾；或者完全不承認自己承諾過要好好的逆轉。做完全人，才能從得地，進而得國，然後生養眾多。前面的孤獨就是一開始的辛苦，往後將要遍地滋生，處處開花。

10.6

得地為業的逆轉真理

專心信靠，操練不息，山地堅城，囊中之物。

〈約書亞記第十四章十二節〉求你將耶和華那日應許我的這山地給我；那裡有亞衲族人，並寬大堅固的城，你也曾聽見了。或者耶和華照他所應許的與我同在，我就把他們趕出去。

若要將〈約書亞記〉以四個字概括，就是「得地為業」。從引用的經文來看，對約書亞說這句話的人是迦勒，《聖經》幾次寫到他，都特別註明他是個專心跟從上帝的人，所以才會得到所窺探的這塊山地，成就永遠偉業。他是窺探迦南地十二探子的其中一個，可能從他窺探的那天之後，就看上這山地，朝思暮想。於是他向約書亞請求，把神所應許的山地（基列亞巴）給他，他去窺探的時候是四十五歲，如今已經八十五歲。

迦勒專於逆轉的訓練，持續了四十五年，可說是我屬靈重訓的領袖。他練了四十五年，身體精壯的程度沒有改變，在第十一節他說：「我的力量那時如何，現在還是如何。」我真是親身體驗了這句話，練重訓這麼久，從來沒有覺得越來越弱，反而因為持續不懈怠，所以一直保持著這樣的強壯。所以說，只要專心跟從，逆轉的力量很大；無論是征戰還是出入，那時如何，現在還是如何。所以逆轉的人操練不懈，任何時候出入或征戰，都得勝有餘，心有餘力也足。

經文中提到的山地是屬於亞衲族人的，他們居住在迦南地裡面，是最強壯的一族，好比NBA中的長人，身高超過兩公尺，身體素質無人能敵，加上山地的城牆堅固寬大，誰敢來犯？可想而知，沒有逆轉信心的人，看到這樣的山地和敵手，一定覺得不可能獲得此地。所以無信心的人，看到固若金湯的城，便望之卻步，馬上放棄。

但在迦勒的眼中，他有足夠的信心，神的應許與他同在，所以他能將他們趕出去。在十五節的經文提到「希伯崙從前名叫基列亞巴」，亞巴是亞衲族中最尊大的人，巨人中的巨人，就好像亞衲族裡的歌利亞，是英雄中的英雄。

可就算是基列亞巴的巨人，也必定臣服在信心的巨人腳下，這是迦勒逆轉的信心。但光有逆轉的信心還不夠，還要專心的跟從。當你專心跟從逆轉的真理之道時，是全身心投入的；你自然而然就會將所有時間心力都投入，自始至終。而不忠實於逆轉，沒有專心跟從的人，縱然只有片刻鬆懈，在這條路上也會被淘汰。從迦勒身上我們可以學到，操練是永不止息的，就算山地堅城，也會成為你的囊中之物。

10.7

得地為業的逆轉真理

聖殿選地，易守難攻，仇敵潰散，燒殺擄掠。

〈約書亞記第二十一章九到十二節〉從猶大支派、西緬支派的地業中，將以下所記的城給了利未支派哥轄宗族亞倫的子孫；因為給他們拈出頭一鬮，將猶大山地的基列亞巴和四圍的郊野給了他們。亞巴是亞衲族的始祖。（基列亞巴就是希伯崙）。惟將屬城的田地和村莊給了耶孚尼的兒子迦勒為業。

這個部分有一點複雜，我先簡單解說一下：約書亞把土地分給各個支派，都是一大塊大塊的分配；唯獨利未支派，因為他們是服事上帝的支派。雖然他們也有地，但他們的地，被包含在各個支派裡面，所以用「拈鬮」的方式（拈就是抽，鬮就是籤），從猶大和西緬支派中分出一大塊地，給利未支派哥轄宗族亞倫的子孫。就是基列亞巴和四圍的郊野。這塊地，包含了約書亞答應給迦勒的一部分。而這塊土地將用來建造聖殿，執行祭司職務。這塊地還有其他的名字，就是希伯崙，前面提到它易守難攻，是一座山地堅城，在戰略位置上居於要塞，其實就是耶路撒冷城的中心。

到了大衛的時代，在〈歷代志上第十一章第一到七節〉提到，耶路撒冷住著耶布斯人，因城易守難攻，所以他們誇口，並嘲笑大衛攻不下來。於是約押自告奮勇攻城，最後終將城攻下。所以這塊地的名字，從基列亞巴、希伯崙、耶路撒冷，到大衛之城，都有人提起。逆轉的信心告訴我們：逆轉信心，造就逆轉，成為大衛帝國，以色列王朝的首都。

我前面提過，一個王國，要有本體、主權、土地和人民。但是，如果這一塊地，還有聖殿，正如同主禱文所言：「願祢的國降臨，願祢的旨意行在地上，如同在天上。」如今，我們的逆轉國度也有了聖殿，也是山地，也有「崙」字的發音。當我在《聖經》中看到希伯崙，跟上帝賜給我們的地，如此吻合時，我的腦內啡一直跑出來，非常的興奮。

〈約書亞記第二十一章四十三到四十五節〉這樣，耶和華將從前向他們列祖起誓所應許的全地賜給以色列人，他們就得了為業，住在其中。耶和華照著向他們列祖起誓所應許的一切話，使他們四境平安；他們一切仇敵中，沒有一人在他們面前站立得住。耶和華把一切仇敵都交在他們手中。耶和華應許賜福給以色列家的話一句也沒有落空，都應驗了。

我們逆轉的精兵也是如此，沒有一人能在我們面前站立得住。我們拿著精良的武器，殺出一條血路，痛快的不得了。神應許的話語，一句都沒有落空。所以逆轉勇士們，邁開大步擄掠燒殺；不是客客氣氣，到處跟人家說借過。

聖殿的選地，易守難攻，仇敵會潰散，我們就能夠燒殺擄掠。從亞伯拉罕得地，到約書亞真的得地，四境平安；上帝的應許統統應驗，沒有落空。

你如果相信逆轉，從頭到尾，自始至終，你要忠於呼召，忠於逆轉的信心，你才會應驗。我們在逆轉的路上看到多少人一開始聽聞逆轉，超級興奮，趕快跟上，但是跟了不久就脫隊離開；或者是連跟都沒跟上，拜託，連車都沒上，就吵著要下車；有的人上了車，還說自己覺得狀況不對，要趕快下車……這樣的人不會逆轉，也不會獲得任何應許。

我們要過無可指摘的生活，立下成為完全人的心志，學習迦勒專一的跟從，上帝必定實現應許，絕不落空。在這個得地的時刻，我深深感恩上帝，現在開始的逆轉旅程，跟上的人都是有福氣的人，萬民萬國要因為逆轉得福。

呼籲——逆轉追隨者

勇於捨離，夢想偉大，
承受挫折，勿賴眼見。

呼召——逆轉勇士們

信守約定，無可指摘，
專一跟從，絕不落空。

逆轉話題，你跟上了嗎？
從相信到行動，
逆轉人生三部曲！

逆轉
由不得你不信
逆轉，由不得你不信！

逆轉，
由不得你不聽！
鋼鐵醫師 劉乂鳴 著
逆轉，由不得你不聽！

逆轉，
由不得你不行！
鋼鐵醫師 劉乂鳴 著
逆轉，由不得你不行！

筆記

筆記

【渠成文化】Pretty life 015

逆轉——由不得你不行！

逆轉系統・神學十講

作　　者　劉乂鳴
圖書策劃　匠心文創
發 行 人　陳錦德
出版總監　柯延婷
執行主編　林思彤
編審校對　蔡青容
封面攝影　Zakary Belamy
內頁攝影　黑王攝影
內頁梳化　林宥彤造型工作室
特別感謝　攝影場地提供　合登上豪
封面協力　L.MIU Design
內頁編排　邱惠儀
E-mail　cxwc0801@gmail.com
網　　址　https://www.facebook.com/CXWC0801
總 代 理　旭昇圖書有限公司
地　　址　新北市中和區中山路二段 352 號 2 樓
電　　話　02-2245-1480（代表號）
印　　製　鴻霖印刷傳媒股份有限公司
定　　價　新台幣 450 元
初版一刷　2022 年 05 月

ISBN 978-626-95075-3-5

國家圖書館出版品預行編目（CIP）資料

逆轉：由不得你不行！（逆轉系統神學十講）/
劉乂鳴 著. -- 初版. -- 臺北市 : 匠心文化創意行銷,
2022.05
　面；　公分. -- (Pretty life ; 015)
ISBN 978-626-95075-3-5（平裝）

1. CST：基督徒　2. CST：信仰

244.9　　111004255